卡尔·马克思
诞辰200周年
纪　念　版

THE **200**th

ANNIVERSARY
EDITION OF
KARL MARX'S
B　I　R　T　H
1818.5.5-1883.3.14

Karl Marx

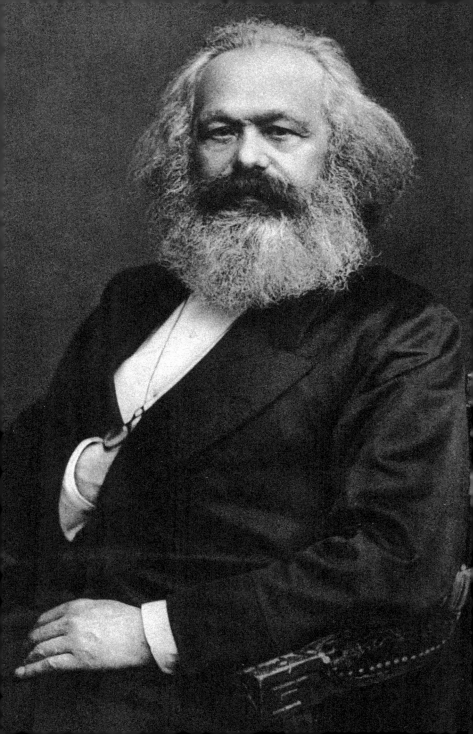

TERRY EAGLETON

WHY MARX WAS RIGHT 马克思为什么是对的

[英]特里·伊格尔顿 著 李 杨 任文科 郑 义 译 张兵一 校译

重庆出版集团 重庆出版社

献给

敦和哈迪

出版说明

《马克思为什么是对的》（Why Marx Was Right）是当代英国最杰出的马克思主义理论家、文化批评家和文学理论家特里·伊格尔顿（Terry Eagleton）的代表作。在本书中，伊格尔顿针对西方世界否定、攻击，甚至是诬蔑马克思主义的十种典型论调，一一进行了有理有据的辩驳，同时抛出了很多震撼人心的观点。比如，资本主义越成功，道德就越败坏；马克思是国家的坚定反对者，实际上，众所周知他所期待的是国家消亡那一天的到来，等等。该书还阐明了在马克思主义理论指导下运作市场经济体系的可行性。

作品出版后，无论在西方，还是在中国，无论在社会主义者中间，还是在普通读者中间，都引起了很大的反响。我国当代著名马克思主义研究专家李君如对本书给予高度评价："可以说这部《马克思为什么是对的》带给我们四点启迪。这就是：一要重视对马克思主义的学习，特别是对马克思、恩格斯原著的学习；二要重视对当代资本主义的研究和批判，在批判中深化对马克思主义的认识和对人类社会发展规律的认识；三要在新的历史条件下坚持和发展马克思主义，进一步推进马克思主义中国化；四要努力把马克思主义中国化的成果，包括毛泽东思想和中国特色社会主义理论体系介绍给世界各个国家的读者。"而一位美国读者在亚马逊上留言如此评价本书："一场才华横溢的论战！一部马克思主义者的必读书！每一页都包含了为马克思哲学辩护的真知灼见。"

作为学术类作品，专家与读者的赞誉并不意味着本书没有瑕疵与遗憾。例如，本书作者认为马克思关于人的本质的看法在1845年前后并没有什么变化；在讨论跨越资本主义"卡夫丁峡谷"以及资本主义向社会主义"和平过渡"等问题时，也没有指明这是马克思19世纪70年代思想的新变化，等等。伊格尔顿的对手们完全可以利用这个漏洞，从马克思的文献中选取对他们自己有利的部分，回应伊格尔顿的批评，从而造成"马克思反对马克思"的局面。此外，伊格尔顿关注了西方世界的"变"与"不变"，但其视野基本上没有朝向蓬勃发展的中国特色社会主义成绩单及其对世界历史的理论和实践贡献。本书还可能存在其他一些瑕疵和错误，希望国内读者在阅读的过程中加以辨别。

本书英文版出版于 2011 年 4 月，仅三个月后，第一个中译本就出版了；现在呈现在读者面前的是根据 2017 年底出版的英文版第二版修订的中译本。与上一版本比较，此次出版对译文主要做了以下几个方面的修订：

（一）比对原文，对全书进行校译，纠正了原中译本中若干错译之处，对漏译的内容进行了补充。

（二）对原中译本正文中生涩的语句进行了重新翻译，润色加工。

（三）组织专家对稿件进行了多次审读，对读者指出的问题进行了一一核实并改正。

（四）参考借鉴专家意见，酌情为每章添加中文标题，以方便读者阅读。

（五）补充了英文第二版序。

总体而言，修订后的译本逻辑更加清晰、行文更加流畅，也更易于阅读与理解。在此感谢三位译者精益求精的精神，感谢校译者张兵一老师的辛勤工作。希望本书继续得到广大读者的关注与喜爱，也希望本书能对推进马克思主义中国化、时代化、大众化起到积极的作用。

重读《马克思为什么是对的》，我们必然能体会到，在世界持续的经济危机和贫富差距不断加大的背景下，在世界地缘政治动荡不安的形势下，社会主义中国作为"负责任的力量"所起到的中流砥柱的作用。可以说，拥有近百年历史的中国共产党正在并且会持续地以自己的实践来证明马克思主义的正确性。

目录

英文
第二版
序

特里·伊格尔顿
2017 年 10 月
张兵一译
2018 年 3 月 2 日

　　自 2011 年本书首次出版以来，马克思的思想至少有一点得到了极大确认。

　　马克思认为，在自由资本主义社会中的政治范畴和他所谓的"公民社会"之间，也就是社会存在和经济存在之间存在着一条鸿沟。在政治范畴中——例如在投票箱上——男男女女似乎是平等和独立自主的，每人一票；但是，这恰恰掩饰了日常生活中实际上的分裂、不平等和依存关系。就好像政治维度从现实中分离了出来，而公民则成为他们自身苍白的镜像。除非民主自治被延伸到公民社会本身——如工人自治，否则这个鸿沟就不会弥合。

　　然而，对马克思而言，自由－民主的政治范畴并不是完全真实的；自本书首次出版以来的这几年里，我们在西方世界已经见证了对这一事实的全面反动——不仅仅是对正统政治的拒斥，而是大规模的街头示威游行。绝不仅仅是政治生活中的某一向度名声扫地，而是政治本身，以至于这个世界上最强大的国家已经准备将电视真人秀节目中脱颖而出的某个跳梁小丑选做自己的领导人——实际上，这恰恰是非实相的化身——而不是去使人相信传统的政治进程。自从 20 世纪 30 年代以来，我们还没有见到过人们如此大规模地丧失了对自由主义中产阶级政治共识的信仰。在愤怒、仇恨和绝望的驱使下，阶级战争不断爆发、暴力革命甚嚣尘上，这一切同威斯敏斯特宫或国会山庄重而文明的气氛相去甚远。统治阶级被公开诋毁、嘲弄、怒骂和呵斥，在温斯顿·丘吉尔或约翰·F.肯尼迪时代通常却不是这样的。政治已经成为一场喧闹的游戏，如果你在错误的时间在错误的地点置身其中的话，就有可能被人砸破脑袋。

诚然，左翼人士对此作出的反应是矛盾的。一方面，联合王国 2017 年差一点就选出了一位深受卡尔·马克思思想影响的左翼社会主义者作为领导人，这让人感到惊讶。另一方面，街头游行示威所展现出来的并非单纯的左翼民粹主义，还有令人担忧的右翼民粹主义：种族主义的、沙文主义的、暴力的和专制的右翼民粹主义。

民粹主义从来都是一把双刃剑，总会在释放出某些最为宽容的平等主义天性的同时释放出某些最为丑恶的天性。重要的是我们必须看到，这些右翼民粹主义所代表的正是植根于资本主义自身的矛盾的一极。由于新自由主义市场体系变得越来越全球化和集约化，世界正陷入无休止的动荡之中，原有的坚实认同和熟悉坐标都被熔为灰烬，作为对这场混乱所作出的一种强烈反应，它造就了一种深深的焦虑感，人们感到他们原有的生活正被这个美丽新世界所颠覆和动摇；这种焦虑极易转化为怨恨和种族主义。

事情常常就是如此：仇恨来源于恐惧，而非单纯的敌意。英格兰本土主义者（Little Englander）主张绞死恋童癖者和驱逐少数族裔，而这些人的另一张面孔则是和蔼可亲的首席执行官们——随和地敞着衬衣领口、与下属们都直呼其名，他们奔走世界各地，为公司达成有利可图的交易，而这些人的世界观都是彻头彻尾的自由主义和世界主义的。

这种内在的关联性正是政治正统所拒不承认的，只有政治左翼还在坚持。问题的关键不在于如何在这场枯燥乏味的冲突中选边站队，而在于认识到这一冲突是如何植根于发达资本主义的本然天性之中的——处于全球化形态下的资本主义制度持续深陷这一内在矛盾之中而无法自拔，只要不消灭资本主义制度自身，它就无法消灭这一矛盾，然而此刻这一矛盾正威胁着要削弱资本主义制度。在追求这一认知的过程中，马克思的思想一如既往地切中肯綮。

英文
第一版
序

　　我写作本书的灵感来源于一个发人深省的想法：有没有这样一种可能，那就是我们所熟知的反马克思主义论调都是错误的？即便这些论调并非一无是处，但至少其中的绝大多数都是站不住脚的？

　　这并不是说马克思从来没有犯过任何错误。我和那些强硬的左翼分子不一样。他们宣称天下任何事物都并非完美，但如果让他们指出马克思主义的两三个重大错误，他们立刻就面带愠色，默不作声。从这本书中可以清楚地看出，我对马克思的一些观点是持保留意见的。但是，马克思对他所生活的那个时代中一些重要问题的真知灼见足以使"马克思主义者"成为一个令人信服的自我描述。弗洛伊德的信徒不会迷信弗洛伊德的全部观点，也没有一个阿尔弗雷德·希区柯克（Alfred Hitchcock）的影迷会认为这位电影大师的每个镜头和每句台词都完美无缺。马克思也并非无懈可击，而我只是想展示马克思观点的合理之处。为了证明这一点，我在书中罗列了十种最常见的对马克思主义的批评——排名先后与重要性无关——并试着——反驳这些批评的错误之处。与此同时，我也希望能以一种浅显易懂的方式，帮助那些不熟悉马克思著作的朋友们了解马克思的思想。

《共产党宣言》被认为是"毫无疑问的 19 世纪最具影响力的作品"。[1] 与政治家、科学家、军人和宗教人士不同，很少有思想家能真正改变历史的进程，而《共产党宣言》的作者恰恰在人

---

1 彼得·奥斯伯恩（Peter Osborne）语。引自利奥·帕尼奇与科林·莱斯（Leo Panich and Colin Leys）编辑：《当代共产主义宣言：社会主义纪事》（*The Communist Manifesto Now: Socialist Register*）（纽约，1998 年），第 190 页。

类历史的发展进程中发挥了决定性作用。历史上从未出现过建立在笛卡尔思想之上的政府、用柏拉图思想武装起来的游击队或者以黑格尔理论为指导的工会组织。马克思彻底改变了我们对人类历史的理解，这是连马克思主义最激烈的批评者也无法否认的事实。就连反社会主义思想家路德维希·冯·米塞斯[1]也认为，社会主义是"有史以来影响最深远的社会改革运动；也是第一个不限于某个特定群体，而受到不分种族、国别、宗教和文明的所有人支持的思想潮流"。[2]但是，有一种奇怪却广泛流传的观点认为，马克思和他的理论已经可以安息了——在世界刚刚经历了有史以来破坏性最强的资本主义危机的背景下，这样的观点更显得滑稽

1　路德维希·冯·米塞斯（Ludwig von Mises，1881—1973年），知名经济学家，现代自由意志主义运动的主要影响人，被誉为"奥地利经济学派的院长"。——译者注

2　转引自罗宾·布莱克本（Robin Blackburn）："世纪末：金融危机后的社会主义"（Fin de Siècle: Socialism after the Crash），载《新左派评论》（New Left Review），第185期（1991年1月/2月），第7页。

可笑。长久以来，马克思主义对资本主义制度的批判一直是理论上最丰富、政治上最坚定的，但如今，却被一些人当作久远的历史给抛弃了。

　　这次资本主义制度的危机至少意味着，此前长期掩盖在"现代""工业主义"和"西方"等一系列漂亮辞藻之下的资本主义已经再次成为人们关注的话题。当人们开始谈论资本主义的时候，就说明资本主义出现了问题。因为这表明人们已经不再把资本主义制度当作空气般自然而然的存在，而是把它视为一种不久之前才产生的历史现象。而且，虽然许多社会制度都喜欢自称为"不朽"，但世界上的任何事物有始就必然有终。正如一场"登革热"会让人重新认识到自己身体存在的健康问题，一种社会生活形态也只有当它开始瓦解时，人们才能真正认识到它的本质。马克思第一个对"资本主义"这一历史客体进行了鉴别，他向我们展示了资本主义如何兴起，如何运行，以及它可能的结局。就如同牛顿发现了看不见的地球引力——称其为"万有引力",就如同弗洛伊德揭示出了一种看不见的现象的原理——称其为"潜意识",马克思揭示了我们日常生活中一个看不见的实体,那就是资本主义的生产方式。

本书中,我不会讨论作为道德和文化批判的马克思主义,因为这点很少被人用作反对马克思主义的依据,所以不符合我的要求。不过在我看来,马克思在道德和文化批判方面的作品十分丰富,这本身就是他留给我们的宝贵遗产,值得我们尊重和珍惜。异化,社会生活的"商品化",一种鼓吹贪婪、侵略、无谓享乐主义并且虚无主义日益盛行的文化,人类存在的意义和价值的不断沦丧:离开了马克思主义的传统,就难以对这些问题进行理智的探讨。

女权运动诞生之初,一些出于善意却弄巧成拙的男性作家曾经写道:"当我提到'人'这个词的时候,我指的是'男人和女人'。"在此,我也想以同样的方式声明,当我提到马克思的时候,我指的是马克思和恩格斯。不过他们两人之间的关系就与本书无关了。

阿列克斯·卡利尼科斯[1]、菲利普·卡朋特(Philip Carpenter)和埃伦·梅克辛斯·伍德[2]阅读了本书的初稿,并提出不少宝贵的批评和建议。我在此向他们表示衷心的感谢。

---

[1] 阿列克斯·卡利尼科斯(Alex Callinicos),1950年生,英国知名学者,伦敦大学国王学院教授。——译者注

[2] 埃伦·梅克辛斯·伍德(Ellen Meiksins Wood),1942年生,马克思主义学者,加拿大约克大学政治学教授,曾长期担任《新左派评论》编辑。著有《资本主义的起源》等。——译者注

第一章　驳马克思主义终结论

反　　马克思主义已经终结。过去工厂林立而充满饥饿，骚乱四起，煤矿工人和烟囱清洁工等广大劳动阶级在苦难生活中挣扎。在那样一个世界里，马克思主义也许多少还有些道理。但是，在当今这个阶级差异日渐消融、社会流动性日益增强的后工业化西方社会里，马克思主义绝对没有一点用武之地。只有那些冥顽不化、内心恐惧或蒙蔽至深之人，才不肯接受世界已经彻底改变的事实，且不论这种改变是好是坏。

　　"马克思主义已经终结"这样的话，可能会使世界各地的马克思主义者都如释重负。因为他们终于可以离开游行与纠察队伍，回归伤心的家人的温暖怀抱，在家里享受一个平静的夜晚，而不用去参加又一个冗长的委员会会议。马克思主义者的最大愿望恰恰是不再继续做马克思主义者。从这个意义上讲，做一个马克思主义者同做一个佛教徒或者百万富翁截然不同，做马克思主义者更像做一名医生。医生都是一些跟自己过不去的人，他们通过治病救人让人们不再需要他们，从而亲手葬送了自己的工作。同样，政治激进分子的任务就是努力让自己早点退出历史舞台，因为那样就意味着他们为之奋斗的目标已经实现了，他们就可以安心地谢幕，烧掉格瓦拉海报，拿起久违的大提琴，聊聊比亚细亚生产方式[1]更有意思的话题。如果大约二十年之后马克思主义者或者女权主义者仍然存在的话，那样的前景将让人感到遗憾。马克思主义本来就是一个彻头彻尾的临时产物，所以那些完全将自我献身于马克思主义的人恰恰没有抓住马克思主义的要领。在马克思主义之后生活仍将继续，这才是马克思主义的要义所在。

　　不过，这个看似诱人的想法却存在一个问题。马克思主义是对资本主义的批判——有史以来出现过的对资本主义最透彻、最严厉、最全面的批判，也是唯一大大改变了这个世界的批判。由此可以断定，只要资本主义还存在一天，马克思主义就必然存

---

[1]　"亚细亚生产方式"最早是由马克思于1859年在其《〈政治经济学批判〉序言》中对其唯物史观进行概括时提出的。马克思明确指出，在他之前的人类社会依次经历了亚细亚的、古代的、封建的和资本主义的四种社会形态。现在一般将效率偏低的劳动密集型传统农业作为亚细亚生产方式的代表。——译者注

在；马克思主义只有在淘汰了它的对手之后，才会自我淘汰。然而，最新的情况显示，资本主义还远远没有衰败。

今天，大多数马克思主义的批评者对此都没有异议。不过他们宣称，同马克思所处的时代相比较，资本主义制度已经发生了几乎面目全非的变化，而这正是他的观点不再适用的原因所在。在对这一观点进行仔细探讨之前，我们必须清楚地看到，马克思本人对他所挑战的资本主义不断变化的特性是知之甚深的。正是马克思主义教给了我们资本的不同历史形态：商业资本主义、农业资本主义、工业资本主义、垄断资本主义、金融资本主义和帝国资本主义，等等。既然马克思主义早已洞悉了资本主义不断变化的本质，最近几十年来资本主义的形态变化又怎么能否定马克思主义理论的可信度呢？此外，马克思本人曾经预言到工人阶级数量的锐减和白领工人数量的增加（稍后我们将谈到这一点），还预见到了所谓的全球化——这对一个"思想陈旧"的人而言是很奇怪的。不过，也许正是因为马克思观念的"陈旧"才使其时至今日依然适用。资本主义的捍卫者们在批评马克思主义过时之时，却丝毫不顾及当今资本主义正日渐回归维多利亚时代的不平等水平这一事实。

1976年，相当多的西方人认为马克思主义确有道理；而到了1986年，他们中的绝大多数人已经不再这样认为了。在这十年的时间里究竟发生了什么？难道只是因为他们为了养家糊口而无暇他顾？还是因为某项震撼世界的新研究成果证明了马克思主义的谬误？抑或是我们偶然得到了一份失落已久的马克思手稿，发现马克思本人早就承认这一切都只是一个玩笑？我们并没有失望地发现马克思其实是资本主义的打工仔。事实上，我们一直都清楚这一点。如果没有弗里德里希·恩格斯从事纺织品制造的父亲在索尔福德（Salford）开设的艾尔曼恩格斯纺织厂，长期穷困潦倒的马克思恐怕根本活不到对纺织厂老板们口诛笔伐的那一天。

在这十年里确实发生了一些事情。从 20 世纪 70 年代中期开始，西方制度经历了至关重要的变革。[1] 传统的工业制造业逐渐淡出人们的视野，取而代之的是"后工业时代"文化——消费主义、通讯、信息技术和服务业。小规模的、分散的、全能型和无阶层企业成为这一时期的主流。市场管制解除，工人阶级运动遭受猛烈的法律和政治攻击；传统的阶级忠诚被削弱，而区域、性别和民族认同日益凸显；政治越来越受到管控和操纵。

随着一部分跨国企业为追求利益最大化而把生产和投资扩展到世界各地，新的信息科技在资本主义制度的全球化过程中发挥了关键作用。大量制造业被外包到"欠发达国家"劳动力价格低廉的地区，让一些鼠目寸光的西方人误以为重工业已经从这个星球上彻底消失了。紧随这一全球流动趋势而来的，是大规模的跨国劳工迁移，而随着大量贫困劳动力涌入发达经济体，又造成了种族主义和法西斯主义的抬头。当那些"边缘"国家不得不接受血汗劳工、公共设施私有化、社会福利锐减和蛮横不公的贸易条款之时，来自发达国家的衣冠楚楚的执行官们却摘掉了领带、解开了衬衣领口，操劳起员工们的精神幸福来了。

发生这样的变化，并不是因为资本主义制度运行得轻松而愉快。恰恰相反，资本主义制度这种新的好斗姿态如同大多数侵略

1　虽然这些变革的重要性受到一些马克思主义者的质疑。参见阿列克斯·卡利尼科斯：《反对后现代主义》（*Against Postmodernism*）（剑桥大学出版社，1989 年），第五章。

行径一样，来源于一种深深的忧虑。一旦这个制度变得疯狂，那必然是因为它面临着潜在的不景气。造成这种现象的根本原因，就是战后经济繁荣的突然消退。愈演愈烈的国际竞争使利润率不断降低，使投资来源不断枯竭，使经济增长不断放缓。如今，即便是选择社会民主主义也已经变得过于激进而昂贵。这样的舞台正中了里根和撒切尔的下怀，他们推波助澜，破坏传统制造业、遏制劳工运动、任由市场肆虐，同时强化国家压迫手段，推行一种以厚颜无耻的贪婪为宗旨的社会哲学。投资从制造业转向服务业、金融业和通讯产业，正是对持久经济危机的应激反应，而不是什么除旧布新的伟大跨越。

即便如此，大多数激进分子在 20 世纪 70 年代和 80 年代改变了他们对资本主义的看法，也并非因为这个世界上的棉纺厂越来越少了。他们并不是出于这个原因在剪掉连鬓胡子、摘掉头巾的同时抛弃了马克思主义，而是因为他们越来越强烈地感到他们对抗的是一个难以摧毁的政体。事实证明，起决定性作用的因素并不是新资本主义制度的种种美好幻景，而是改变资本主义制度理想的破灭。当然，许多曾经的社会主义者竭力为自己的沮丧态度寻找借口，声称既然资本主义制度无法改变，那么它也就没有必要改变。然而，信仰的丧失才是最根本的原因。因为工人阶级运动惨遭挫折且付出了血的代价，左翼政治团体又退缩不前，光明的未来看来已经消失得无影无踪。对于某些左翼人士来说，20世纪 80 年代末的苏东剧变促使他们幡然悔悟。即便是现代最成功的激进思潮——革命民族主义——此时也已成强弩之末。后现代主义文化连同其对于所谓"宏大叙事"的否定，以及胜利宣称"历史的终结"[1]，植根于未来不过是现在的重复这样一种信念。或者，如一位热情洋溢的后现代主义者所说，未来不过是"现在加上更多选择"。

马克思主义的名声之所以遭到践踏，主要应归因于一种日益加剧的政治无能感。在变革中坚守信仰不易，当变革不期而至时则更加艰难，哪怕此时正是最需要你坚守信仰的时刻。毕竟，如果你没有知其不可为而为之，你也永远不可能明白这不可为之事是多么地不可为。如果当年那些心灰意冷的马克思主义者能够把自己的信仰再坚持二十年，他们就能见证那个曾经充满活力且坚不可摧的资本主义，如何在 2008 年勉强逃脱了关闭大街上的自动提款机的厄运。他们还将看到，巴拿马运河以南的整个南美大陆如何毅然决然地转向了政治左派。"历史的终结"现在已经走到了终点，马克思主义者无论如何也应该坦然面对失败了。他们还经历过比这更大的灾难。但是，20 世纪 60 年代末期那些令人陶醉的愿景和让人热血沸腾的希望，却将这次经济衰退酿成了一杯尤其苦涩的酒，让那个时代的幸存者们难以下咽。

因此，马克思主义之所以看起来不那么可信，并非因为资本主义已经改弦易辙。事实恰恰相反，实际上资本主义制度一如既往，甚至有过之而无不及。极具讽刺意味的是，那些挫败马克思主义的东西同时又证明了马克思主义的正确性。马克思主义对

1　"历史终结论"最初由日裔美籍学者弗朗西斯·福山（Francis Fukuyama）在 1988 年一次讲座上提出；1989 年，美国新保守主义期刊《国家利益》发表了福山在此基础上撰写的论文"历史的终结"。"历史终结论"认为，苏联解体和冷战的结束不仅标志着共产主义的终结，更证明了人类历史的发展只有西方市场经济和民主政治这一条道路；人类社会的发展史就是"以自由民主制度为方向的人类普遍史"，而自由民主制度是"人类社会意识形态发展的终点"和"人类最后一种统治形式"。——译者注

抗的资本主义社会秩序不仅丝毫没有变得温驯和仁慈，反而比过去更加无情和极端。因此，这就使得马克思主义者对资本主义的批判显得更加切中肯綮。在全球范围内，资本已经变得更加集中和更具侵略性，而工人阶级在数量上也实实在在地增加了。照这样发展下去，我们完全可以想象在未来的世界里，超级富豪们居住在守卫森严的社区里，而数以十亿计的贫民窟居民则蜷缩在散发着恶臭的茅屋里，终日生活在由瞭望塔和铁丝网形成的禁锢之中。在这种情况之下，宣称马克思主义已经终结，就好像说因为纵火犯已经变得比以往更加狡猾和神通广大，所以灭火已经过时了一样不可理喻。

就像马克思曾经预言的那样，在我们这个时代，财富不平等已经大大加剧。今天，墨西哥的一个亿万富翁的收入就相当于他最穷困的 1700 万同胞的收入总和。资本主义虽然创造出了以往任何一个时代都无法比拟的繁荣，但是我们为此付出的代价也像天文数字一样惊人——这不仅仅体现在极端贫困人口在数量上已经高达数十亿。根据世界银行的统计，2001 年全球有 27.4 亿人平均每天的生活费用不到两美元。我们所面临的未来世界，极有可能发生拥核国家因争夺稀缺资源而大打出手的危险；而这种稀缺很大程度上正是资本主义自身的产物。有史以来第一次，一种占据人类社会主导地位的生活方式不仅滋生出种族主义、四处传播文化愚民主义、把我们推向战争和赶入劳动营，并且具有了将我们从这个星球上彻底抹去的能力。只要有利可图，资本主义就能干出反社会的暴力勾当，而在当今时代这将意味着一场无法想象的大规模人类浩劫。曾经耸人听闻的世界末日传言，如今看来不过是对现实的清醒认知。传统的左派口号"要么社会主义要么野蛮社会"，还从来没有像现在这样令人伤心地一针见血，这决不是什么修辞手法。在这种生死攸关的紧要关头，恰如弗雷德里克·詹姆逊[1]所写的那样："马克思主义必将重现人间。"[2]

财富和权力的巨大不平等、帝国主义战争、愈发沉重的剥削和越来越压抑的状态：如果说这些都是当今世界的典型特征，那么其实也是马克思主义近两百年来一直不断思考并着力解决的问题。因此，人们指望马克思主义能够为今天的世界带来一些启示。当年在马克思移居的国家英格兰，大量流离失所的农民被迫流入城市成为城镇工人阶级，这一充满暴力与血腥的进程让马克思震惊不已。而今天的巴西、俄罗斯和印度等国正在经历这一过程。正如特里斯特拉姆·亨特[3]所指出的那样，麦克·戴维斯[4]的作品《布满贫民窟的星球》——真实地描述了今日拉各斯（Lagos）或达卡（Dhaka）随处可见的"粪便堆积成山"的贫民聚居区——堪称恩格斯《英国工人阶级状况》的现代版。

或许过时的不是马克思主义，而恰恰是资本主义本身呢？根据马克思的看法，早在维多利亚时代的英格兰，资本主义就已经耗尽了前进的动力。全盛时期曾大大推动了社会发展的资本主义，现在已经成为社会进步的绊脚石。在马克思看来，无论资本

1　弗雷德里克·詹姆逊（Fredric Jameson），1934 年生于美国克里夫兰，当代西方著名思想家之一，在后现代主义文化批判方面有很深的造诣。——译者注

2　弗雷德里克·詹姆逊：《理论的意识形态》（The Ideologies of Theory）（伦敦，2008 年），第 514 页。

3　特里斯特拉姆·亨特（Tristram Hunt），历史学家，工党下院议员，伦敦大学历史系讲师。——译者注

4　麦克·戴维斯（Mike Davis），美国城市理论家。《布满贫民窟的星球》预言 21 世纪的地球将成为一个贫民窟密布的星球，并指出城市贫困的不断加剧带来严重的经济、政治、社会和环境问题。——译者注

主义社会如何炫耀其现代性，它都充斥着幻想、拜物教、神话和偶像崇拜。资本主义的启蒙——它对自身优越合理性的自鸣得意——本身就是一种迷信。即便资本主义能够取得某种惊人的进步，那也蕴含着另外一层意义：它不得不竭尽全力以便能够维持现状。马克思曾经指出，资本主义最终的制约就是资本本身，因为资本的不断再生产正是资本主义无法跨越的边界。所以，在历史上最具活力的这样一个政体中，却包含着一些静止不变和不断重复的令人好奇的因素。事实上，资本主义基本逻辑的恒定性，正是马克思主义对资本主义的批判至今在很大程度上仍然适用的原因之一。只有当资本主义制度能够真正冲破自身的藩篱，开创出一个根本无法想象的全新局面的时候，才能改变它的命运。但是，资本主义恰恰没有能力创造一个与它的现实特征完全不同的未来，所谓"更多的选择"当然也就更无从谈起……

资本主义创造了伟大的物质进步。虽然这种组织我们事务的方式已经花了很长时间展示其全面满足人类需求的能力，但是至今它离实现这一目标的距离与以往相比并没有缩短。我们还准备给资本主义多少时间来造福人类？我们为什么还要相信这种生产方式创造出的巨大财富在适当的时候便会被所有人共享的神话？这个世界会以同样谦逊与宽容的"等等看"态度对待极左翼提出的类似论点吗？右翼分子承认资本主义制度中始终存在着严重的不公平现象，但他们同时又宣称那不过是有些艰难而已，如果选择其他的政体，情况要糟糕得多。这些人虽然貌似冷酷，但是他们至少比那些一味鼓吹事情总会好起来的人要来得诚实。如果说这世间恰好有黑人也有白人，那么世间恰好也有富人和穷人，富人的优势也许恰好可以向穷人溢出。但是，如果说一些人贫穷另一些人就必然富有，那就好比宣称这个世界有警探就必然有罪犯一样。虽然事实如此，但是这种说法混淆了一个道理，那就是因为有了罪犯，才必须要有警探……

第二章 驳马克思主义实践有害论

反 马克思主义从理论上看也许很有道理，但每当付诸实践之时，结果却往往是恐怖、暴政和难以置信的大规模屠杀。对于那些衣食无忧、将自由和民主视为理所当然的西方学者说来，马克思主义看上去或许是一个不错的主意。但对于数以百万计的普通百姓而言，马克思主义就意味着饥荒、艰辛、折磨、强制劳动、经济破败和国家暴政。那些对这一切熟视无睹的人不是头脑愚钝、自欺欺人，就是道德堕落。社会主义意味着自由的匮乏；同时由于市场被废除，社会主义又必然意味着物质的短缺。

在西方，有很多人狂热地追求血腥的体制，例如基督徒。众所周知，那些体面而富有同情心的人都是浸透着鲜血的整个文明的支持者。此外，还有自由主义者和保守主义者，等等。现代资本主义国家本身就是奴役、种族灭绝、暴力和剥削的历史产物。资本主义也是在无数人的血泪中造就出来的，只不过它存续的时间较长，人们已经基本忘记了它在过去造成的恐怖罢了，在这一点上斯大林主义则截然不同。马克思之所以没有患上这种健忘症，部分原因乃是因为在他生活的那个时代，资本主义制度尚处在形成的过程之中。

麦克·戴维斯在他的著作《维多利亚时代末期的大屠杀》(*Late Victorian Holocausts*)中记述了19世纪末期，数千万印度人、非洲人、巴西人、朝鲜人、俄国人以及其他国家的人被一些完全可以避免的饥荒、干旱和疾病夺走了生命。而在这些灾难中，许多都是自由市场的教条一手造成的，因为(例如)飙升的粮食价格使普通百姓不得不忍饥挨饿。这些可怕的灾难并非都来自于维多利亚时期。在20世纪的最后二十年中，全球每日生活费用不足两美元的人口数量几乎增长了一亿。[1] 今天，三分之一的英国儿童生活在救济线以下，而英国的银行家们每年拿着上百万英镑的奖金内心还愤愤不平。

当然，资本主义在带给我们这些令人深恶痛绝的后果的同时，也带来了一些未曾料到的珍贵的东西。如果没有马克思衷心赞赏的中产阶级，我们就不会得到自由、民主、民权、女性主

1　参见约瑟夫·斯蒂格利茨（Joseph Stiglitz）:《全球化及其不满》(*Globalisation and Its Discontents*)（伦敦，2002年），第5页。

义、共和主义和科学进步等一大批宝贵遗产，同样在历史上也不会出现贫民窟、血汗工厂、法西斯主义、帝国主义战争和梅尔·吉布森[1]。而所谓的社会主义制度也有自己的成就。中国和苏联虽然付出了巨大的成本，却成功地改变了本国经济的落后面貌，建立了现代工业化国家。而这种代价之所以会如此巨大，部分原因正是由于西方资本主义的敌对态度。也正是西方的敌意迫使苏联加入了军备竞赛，从而使其原本就困难重重的国内经济进一步恶化，并最终迫使其走向崩溃。

尽管如此，苏联在不断把卫星送入太空的同时，还为欧洲一半的市民提供了廉价住房、燃料、交通以及文化、充分就业和令人钦佩的社会服务。与此同时，苏联还为自己和东欧国家提供了远远高于这些国家之前的平等程度和（最终）物质生活水平。共产主义的东德自称拥有全世界最完善的儿童保育系统。苏联在对抗法西斯邪恶势力的战斗中发挥了至关重要的作用，并且为推翻世界殖民统治作出了巨大贡献。苏联还成功地在其国民中培育出了万众一心的团结精神，而这一点西方国家似乎只有在杀害其他国家的土著居民时才会体现出来。当然，这一切都不能代替自由、民主或商店里的蔬菜，但是它们同样也不可忽视。当自由和民主匆匆赶来拯救苏联和这些东欧国家时，它们开出的药方就是经济"休克疗法"，美其名曰"私有化"，其实就是光天化日之下公然抢劫的一种形式，它造成上千万人失去生计，贫困和不平等程度不断加剧，公费幼儿园关闭，女权丧失以及曾经在这些国家发挥

---

[1] 梅尔·吉布森（Mel Gibson），好莱坞男影星，因其在电影《勇敢的心》中饰演传奇爱国英雄威廉·华莱士而为世人熟知。——译者注

了重大作用的社会福利体系的几近崩溃。

即便如此，共产主义的成就还是无法掩盖它造成的损失。苏联成立之初面临着非常严酷的生存环境，因此其政府采取某种程度的独裁几乎是不可避免的，但是这并不意味着就必须实行斯大林主义或者其他类似的主义。总的说来，斯大林主义已经是失败的血腥实验，它败坏了社会主义的名声，让世界其他许多本该从社会主义中获益的地方嗤之以鼻。那么，资本主义的表现又如何呢？就在我写作此书之时，西方国家的失业人数已经达到了数百万，并且仍在继续攀升，资本主义经济只能依靠从囊中羞涩的市民那里挪用的数万亿美元才得以避免经济崩溃的厄运。亲手将世界金融体系推向深渊边缘的银行家和金融家们，正在争先恐后地接受整容手术，唯恐满腔怒火的百姓认出他们并把他们大卸八块。

的确，资本主义有时候也还管点用，这主要体现在它为世界上的一部分人带来了前所未有的富足生活。但能做到这一点的并非只有资本主义，虽然斯大林等人付出了高昂的人力代价，但是他们也做到了。这已经不仅仅是大屠杀、饥荒、帝国主义和奴隶贸易的问题了。事实证明，资本主义制度只有在对大多数人实施剥削的情况下才能创造财富。没错，长远来看这也许根本不算什么问题，因为资本主义的生活方式早晚会毁掉我们这个星球。一位知名的西方经济学家就将气候变化描述为"有史以来最大的市场失灵"。[1]

1　斯拉沃热·齐泽克（Slavoj Žižek）:《从悲剧到闹剧》（*First as Tragedy, Then as Farce*）（伦敦，2009 年），第 91 页。

马克思本人从来没有设想过会在穷国实现社会主义。如果在穷国实施这样的工程，就好比在中世纪投资创建互联网一样，差了好几个时代。在斯大林之前也从来没有任何一位马克思主义思想家认为这样的事情是可行的，无论是列宁、托洛茨基还是布尔什维克的其他领导人。当社会财富本就少得可怜的时候，你拿什么来重新分配给所有人。在物质匮乏的条件下不可能消除社会阶级，因为剩余物质太少而无法满足所有人的需要，人们对剩余物质的争夺反而会重新导致社会阶层分化。正如马克思在《德意志意识形态》中指出的那样，在这样的条件下开展一场革命，只能让"龌龊的老一套"（翻译得粗俗一些就叫"同样的臭狗屎"）死灰复燃，其结果无非是社会化的物质匮乏。如果你想或多或少通过白手起家积累资本，那么最有效的方式就是通过利润动机，无论其方式多么残酷。贪婪的利己主义有可能在极其短暂的时间里积累起巨大的财富，虽然与此同时这也必然导致惊人的贫困。

马克思主义者也从来没有设想过社会主义在一个国家单独实现的可能性。社会主义运动具有国际性，否则就什么也不是。这是一个冷静的唯物主义主张，而不是虔诚的唯心主义观点。在这样一个生产专业化且分工明确的世界里，一个社会主义国家如果不能得到国际社会的支持，就无法利用全球资源去实现消除物质匮乏的目标。仅仅一个国家的生产性财富显然是远远不够的。在一个国家里实现社会主义的怪异概念是斯大林在 20 世纪 20 年代的发明创造，这在一定程度上是斯大林对其他国家没有能够向苏联施以援手而作出的愤世嫉俗的自圆其说，在马克思那里找不到任何依据。社会主义革命当然要在某一地开始发生，但是却不可能在一国范围之内最终完成。以在一个极度孤立的国家中得出的结论来判断社会主义的优劣，就好像从一纸卡拉玛祖[1]精神病人的研究报告中得出有关整个人类的结论一样荒唐可笑。

在低水平的基础上搞经济建设是一项艰辛而令人沮丧的任务。无论男人还是女人恐怕都不会乖乖屈从于蕴含其中的困苦。因此，实施这项工程必须循序渐进，将其纳入民主管理框架之下并确保其符合社会主义的价值观，这就需要一个集权国家的介入。布尔什维克时期的俄国实行的对劳动的军事化管理就是一个很好的例子。具有讽刺意味的是，正是努力奠定经济基础的结果导致了社会主义的政治上层建筑（如大众民主和真正的自治）被毁。就好像你应邀去参加一个聚会，却发现你不但要亲自烤蛋糕、酿啤酒，还得打地基、铺地板，哪里还有时间享受欢乐。

理想的社会主义需要掌握高技能、受过良好教育且具有优秀政治素质的民众，还需要繁荣的公民组织、高度发展的技术、开明的自由传统以及民主习惯。如果你连自己屈指可数的几条高速公路都无钱维修，或者连保障人民抵御疾病的保险制度都没有，更或者除了屋后棚舍中的那头猪早已食不果腹，那么就根本不具备上述构建理想社会主义所需要的条件。尤其是那些遭受过殖民统治的国家，更不可能拥有我列举的这些条件，因为从来也没有哪个殖民国家在其统治下的殖民地里热心地培育公民自由或建立民主机构。

正如马克思坚称的那样，社会主义还要求缩短每天的工作时数——部分原因是为了给社会主义的男人和女人提供自我实现的闲暇，部分原因是为了给政治和经济自治创造时间。如果你的人民穷困得连鞋子都穿不起，那么你就干不了社会主义；而要把

1 　卡拉马祖（Kalamazoo），位于美国密歇根州，是密歇根大学所在地。——译者注

鞋子分发到数百万人的手里，就需要一个中央集权的政府。如果你的国家像布尔什维克革命之后的俄国那样，遭受到数个敌对资本主义列强的侵略，建立一个集权政府就尤为不可避免。第二次世界大战中的英国虽然远非独裁国家，但是也决不是一个自由国家，而且人们也不指望它会成为一个自由国家。

也就是说，要建设一个社会主义国家，你必须富裕到相当的程度，这种富裕是从字面以及象征意义两个层面而言的。从马克思、恩格斯到列宁、托洛茨基的所有马克思主义者，都从来没有质疑过这一点。或者说，如果你自己还不够富有，那么你就得有一个既富有同情心又拥有物质资源的邻居出手相助。以当年的布尔什维克为例，这就意味着它的邻国（尤其是德国）国内也要发生革命。如果这些国家的工人阶级能够推翻本国的资本主义统治者，把生产力掌握在自己手里，那么他们就可以利用手中的资源保卫人类历史上第一个工人阶级政权，使其免遭沉沦的厄运。这听上去有点天花乱坠，但实际上并非不可能。那时的欧洲到处燃烧着革命的火焰，在柏林、华沙、维也纳、慕尼黑和里加等地，工人和士兵代表委员会（或苏维埃）如雨后春笋般涌现出来。列宁和托洛茨基都清楚地知道，一旦这些暴动被挫败，他们自己的革命也将变得岌岌可危。

这并不是说社会主义建设不能从贫困的地方开始，而是说如果没有必要的物质资源，社会主义就会扭曲变形，最终成为斯大林主义那样的荒诞的畸形产物。革命之后不久，布尔什维克就发现自己被西方帝国主义的军队团团包围，而国内则面临着反革命势力、城市饥荒和血腥内战的威胁。他们陷入了孤立无援的境地：在农村，大量对新生政权满怀敌意的农民即便在枪口的威胁之下也不愿交出他们辛苦攒下的余粮，支援饥饿中的城镇。由于俄国薄弱的资本主义经济基础，物质生产水平极其低下，公民组织缺失，工人阶级损失惨重、精疲力竭，农民暴动不断，官僚机构的臃肿程度堪比沙皇俄国时代，新生的革命政权在建立之初就陷入了严重的危机之中。最终，布尔什维克还是依靠着枪杆子将饥肠辘辘、士气低落和极度厌战的俄国人民赶进了现代性的大门。许多政治上最为坚定的工人在西方支持的内战中牺牲了，这严重削弱了布尔什维克党的社会基础。没过多久，布尔什维克党就篡夺了工人苏维埃的权力、取缔了独立的言论和司法体系；它还开始镇压持不同政见者和反对党，操纵选举和实行军事化劳动。这些反社会主义的残酷政策，都是在内战爆发、饥荒蔓延和外部侵略威胁的背景下出台的。俄国的经济土崩瓦解，社会建构支离破碎。在最需要社会主义的地方反而被证明最不可能实现社会主义，这真是整个 20 世纪颇具悲剧色彩的讽刺。

历史学家伊萨克·多伊彻 [1] 用他无与伦比的雄辩才能描述了这一史实。当时俄国的局势"意味着人类史上第一次也是迄今为止唯一一次建立社会主义的尝试不得不在最恶劣的环境下展开，既不能利用集约国际分工的优势，也无法借助于古老而复杂的文化传统的有利影响，只能在物质和文化的极度贫乏、原始和粗陋状态之中挣扎前行，从而践踏或者扭曲了争取社会主义的努力"。[2] 这也使得那些格外厚颜无耻的马克思主义批评者宣称，所

1　伊萨克·多伊彻（Issac Deutscher，1906 — 1967 年），马克思主义作家、新闻工作者和社会活动家，斯大林和托洛茨基传记的作者。——译者注

2　伊萨克·多伊彻：《武装的先知：托洛茨基 1879 — 1921》（*The Prophet Armed: Trotsky 1879-1921*）（伦敦，2003 年），第 373 页。

有这些都不重要，因为马克思主义无论如何都是一种专制主义教条。在这种情况之下，如果马克思主义者明天接管了伦敦周围诸郡，不出一个星期就会在多金[1]建起劳动营。

我们将会看到，马克思本人是反对死板教条、军事恐怖、政治压迫和专制国家权力的。他主张政治代表要对选民负责，还严厉斥责了当时德国社会民主党的集权政治。他坚持推行言论自由和公民自由，对英国强行将农民变为城市工人阶级的做法（以他自己在英格兰而不是在俄国的亲身感受为例）感到震惊，并坚持认为乡村的公有制应该建立在自愿的基础之上，而不是强制推行。既然马克思认为社会主义无法在贫穷的环境中取得成功，那么他应该完全懂得俄国革命为何最终会以失败告终。

一个看似矛盾的事实是，斯大林主义不仅没有败坏马克思主义的名声，反而成为马克思主义正确性的最佳证明。如果你想为斯大林主义的出现找到一个令人信服的根据，那你只能依靠马克思主义才能找到答案。单纯地从道德上对其进行批判还远远不能解决问题，我们必须知道它产生的物质条件、运行机制以及何以走向失败。对此，马克思主义的某些主流观点已经给出了最好的答案。在这些马克思主义者中，有许多列夫·托洛茨基的追随者或者形形色色的"自由派"社会主义者，他们与西方的自由主义者有一个重要的区别：他们对所谓共产主义社会的批判要深刻得多。他们从来都不满足于恳求得到更多的民主和公民权利，而是呼吁推翻整个压迫制度，并自认为他们才是真正的社会主义者。不仅如此，他们几乎从斯大林掌权的那一天起就一直在发出这样

1　多金（Dorking），位于英格兰萨里郡，距伦敦大约一小时车程。——译者注

的呼吁。与此同时，他们也警告说，如果共产主义制度最终垮台，就必然会落入掠夺成性、饥渴难耐且一直伺机而动的资本主义手中。列夫·托洛茨基准确地预见到了苏维埃社会主义联盟将以这样的方式收场，历史已经在二十年前证明了他是对的。

　　想象一下这样一种情景：一个有些狂热的资本主义组织，试图在毫不现实的短暂时间内将一群前现代部落人改造成为无情而又贪婪，掌握各种先进技术，满口公共关系和自由市场经济陈词滥调的企业家。可想而知，这个实验根本不可能取得成功，但是它难道就能成为人们反对资本主义的论据吗？当然不能。这就好比因为女童子军不能解决某些量子物理学上的难题而必须予以取缔一样荒唐。马克思主义者不会相信，从托马斯·杰斐逊到约翰·斯图亚特·穆勒[1]建立起来的强大自由天堂，会因为中情局监狱里的虐待穆斯林事件而被废止，即便这样的秘密监狱已经成为当今自由社会政治生活的组成部分。然而，马克思主义的批评者们却不愿意承认，审讯秀和大规模恐怖行为并不能否定马克思主义。

　　还有一些人持有另外一种观点，认为马克思主义是一种不切实际的理论。即使你可以在富裕的条件下建立社会主义，没有市场你又如何运营复杂的现代经济？越来越多的马克思主义者给出的答案是：你不必管。在他们看来，市场仍将是社会主义经济不可或缺的组成部分。所谓的市场社会主义已经预见到了未来生产

1　约翰·斯图亚特·穆勒（John Stuart Mill，1806—1837年），英国著名哲学家和经济学家，19世纪最有影响力的古典自由主义思想家之一。——译者注

资料将由全社会共有，但是自治的合作社将在市场中相互竞争。[1]
通过这种方式，市场的优点得以保持，市场的缺陷得以摈除。在
单个企业层面上，合作可以确保提高生产效率，事实也证明其效
率几乎总是要高于资本主义企业，而且常常还高出许多。在宏观
经济层面上，竞争可以确保不出现传统的斯大林中央计划经济模
式带来的信息不畅、分配不均和缺乏激励机制等问题。

一些马克思主义者宣称马克思本人就是市场社会主义者，
至少马克思相信在社会主义革命后的过渡时期内市场会继续保
留。他还认为市场既具有解放性也具有剥削性，能够把世间的
男人和女人从他们过去对地主和雇主的依附关系中解放出来。
市场抹去了社会关系的神秘光环，将它阴暗的真实面目展现在
世人眼前。马克思对这一问题的见解是如此敏锐，以至于哲学
家汉娜·阿伦特[2]将《共产党宣言》开篇部分称为"你见过的对
资本主义的最高褒奖"。[3]市场社会主义者也指出，市场并非资本
主义独有。一些托洛茨基的追随者可能会大吃一惊，因为就连
他也是支持市场的，但市场只能存在于步入社会主义之前的过
渡时期中，而且必须与计划经济相结合。他认为，市场的价值

1　参见亚历克·诺夫（Alec Nove）：《可行的社会主义经济学》（*The Economics of Feasible Socialism*）（伦
　　敦，1983 年）；戴维·施韦卡特（David Schweickart）：《反对资本主义》（*Against Capitalism*）（剑桥，
　　1993 年）以及伯特尔·奥尔曼（Bertell Ollman）编辑：《市场社会主义：社会主义者之间的论争》
　　（*Market Socialism: The Debate Among Socialists*）（纽约和伦敦，1998 年）。大卫·米勒（David Miller）
　　所著的《市场、国家和社区：市场社会主义的理论基础》（*Market, State and Community: The Theoretical
　　Foundations of Market Socialism*）（牛津，1989 年）为市场社会主义作出了更富有哲学性的辩护。

2　汉娜·阿伦特（Hannah Arendt，1906—1975 年），20 世纪最伟大、最具原创性的思想家、政治理
　　论家之一。代表作有《极权主义的起源》和《人的境况》等。——译者注

3　马尔文·希尔（Melvin Hill）编辑：《汉娜·阿伦特：公共世界的复兴》（*Hannah Arendt: The Recovery
　　of the Public World*）（纽约，1979 年），第 334—335 页。

在于它可以对计划的充分性和合理性进行验证，因为"没有市场关系的经济核算是无法想象的"。[1] 托洛茨基与苏联左翼反对派都强烈反对所谓"指令性经济"。

市场社会主义废除了私有财产、社会阶级和剥削，让经济权力置于实际生产者的手中。所有这一切都使得市场社会主义经济更加优越于资本主义经济体系。然而，一些马克思主义者依然认为，市场社会主义保留了太多资本主义经济的特征。在市场社会主义制度下，仍将存在商品生产、不平等、失业和人们无法驾驭的市场力量。在持续资本积累的驱使之下，工人们难道就不会蜕变为集体资本家，从而只追求利润最大化、降低产品质量、忽略社会需求、迎合消费主义等不良风气？我们如何避免市场中长期存在的短视行为，如何克服无视整体社会图景的不良习惯，如何规避因其作出的支离破碎的决策而带来的长期反社会影响？教育和国家监管可能有助于减少这些风险，但是还有一些马克思主义者却倾向于建立一个既非中央计划亦非市场控制的经济体制。[2] 在这样一种模式中，资源的分配由生产者、消费者、环境保护人士和其他有关各方，在由工作场所、社区和消费者委员会构成的网络内共同协商决定。资源总体分配、增长率和投资率、能源、交通和生态政策等宏观经济问题，由地方、区域和国家级的代表大

1　罗宾·布莱克本：《世纪末：金融危机后的社会主义》，载《新左派评论》，第 185 期（1991 年 1 月 /2 月），第 29 页。

2　参见帕特·迪瓦思（Pat Devine）：《民主与经济计划》（*Democracy and Economic Planning*）（剑桥，1988 年）；大卫·麦克纳利（David McNally）：《反对市场》（*Against the Market*）（伦敦，1993 年）；麦克·艾伯特（Michael Albert）：《参与型经济：资本主义之后的生活》（*Parecon: Life After Capitalism*）（伦敦，2003 年）。阿列克斯·卡利尼科斯在他所著的《反资本主义宣言》（*An Anti-Capitalist Manifesto*）（剑桥，2003 年）第三章中对此作出了有益的总结。

会分别决定。然后，这些重大决策——比如分配——将会下达到区域或地方一级，由它们渐次制定出更为详细的计划。在每一个决策层面，都需要结合其他可选计划和决策方案进行公开辩论。这样一来，生产什么和怎么生产都由社会需求而不是由私人利润来决定。在资本主义制度下，我们无权决定到底应该建造更多的医院还是生产更多的早餐麦片。而在社会主义制度下，人们会定期享受这样的自由。

这种人民大会的权力，是通过民主选举自下而上而不是自上而下进行传递的。民主选举产生的机构代表了商业或生产领域的各个部门，它们将同国家经济委员会协商制定投资计划。价格将由生产单位在综合消费者、用户、相关利益集团等各方面意见的基础上确定，而非中央政府决定。这种所谓"参与型经济"的一些支持者接受的是一种混合社会主义经济模式，即与社区利益密切相关的商品（如食品、保健、医药、教育、交通、能源、生活必需品、金融机构、媒体等），都必须置于民主和公众的管控之下，因为这些产品的生产者和经营者在更大利益的诱惑下，容易做出反社会的不当行为。而那些非社会必需品（例如，消费产品和奢侈品），价格仍将由市场决定。一些市场社会主义者认为这个体制过于复杂，根本无法实现。正如奥斯卡·王尔德（Oscar Wilde）所说，社会主义的问题就在于耗费了人们太多的时间进行无休止的讨论。但是，我们至少应该考虑到现代信息技术可能成为这个体系加速运转的润滑剂。就连宝洁集团的前副总裁都承认，现代信息技术使工人自治成为真正可能。[1]

---

1 欧内斯特·曼德尔（Ernest Mandel）：《市场社会主义神话》（The Myth of Market Socialism），载《新左派评论》，第 169 期（1988 年 5 月/6 月），第 109 页注释。

此外，帕特·迪瓦恩[1]提醒我们注意，目前资本主义的管理和组织同样耗时费力。[2]因此，并没有明显的证据表明社会主义耗费的时间比资本主义更多。

参与型经济模式的一些倡导者认为，无论人们在才能、技能和职业上存在何种差异，只要他们做的是等量的工作，就应该获得同等的报酬。正如麦克·艾伯特所述："医生们在设施豪华、舒适而富有成就感的环境中工作；装配线工人们则在可怕的嘈杂的环境中冒着致残甚至丧命的危险工作，他们不得不忍受工作中的枯燥和屈辱，不管工作时间有多长，又有多辛苦，他们挣得却总是比医生少得多。"[3]实际上，比起医生或者学者等获得相当丰厚报酬的人，我们有充分的理由给那些从事枯燥、繁重、肮脏或者危险工作的人支付更多的报酬。或许我们应该把大多数这样的脏活累活交给前皇室成员们去做；我们和他们的优先顺序需要颠倒过来了。

既然我刚刚提到了媒体的公有制问题，那么我们就把它当作一个范例来探讨。大约半个世纪之前，雷蒙德·威廉斯[4]在其名为《传播学》[5]的杰出小册子中为艺术和媒体勾勒出了一个社会主义的规划。一方面，艺术和媒体历来反对国家对其内容的监控，另一方面它们也希望挣脱利益驱动的藩篱。而在威廉斯设计的体

1　帕特·迪瓦恩，英国左翼经济学家。——译者注

2　帕特·迪瓦恩：《民主与经济计划》（剑桥，1988 年），第 253、265—266 页。

3　麦克·艾伯特：《参与型经济：资本主义之后的生活》（伦敦，2003 年），第 59 页。

4　雷蒙德·威廉斯（Raymond Williams，1921—1988 年），威尔士学者，小说家和艺术评论家，本书作者特里·伊格尔顿在剑桥大学读书时的导师。——译者注

5　雷蒙德·威廉斯：《传播学》（*Communications*）（哈默兹沃斯，1962 年）。

制中，积极的媒体内容提供方将表达和沟通工具控制在自己手中。实际的艺术和媒体"工厂"——包括广播电台、音乐厅、电视网、剧院、报社等——将被收归公有（公有制的形式多种多样），它们的管理人员将由民主选举产生的机构任命，而这些机构的组成人员，既包括公众代表也包括媒体或艺术机构的代表。

这些完全独立于政府之外的委员会，将负责公共资源的分配，并且负责将社会拥有的设施"租赁"给个体的艺术从业者或者独立、民主的自治公司，这些自治公司由演员、记者、音乐家等组成。然后，人们将在没有国家管控和畸形市场压力之下自由开展创作。除了其他诸多好处之外，我们更可以避免那些疯狂追逐权力和贪得无厌的政客们利用他们掌握的私人媒体资源给公众洗脑，也就是向公众灌输他们的利己主义观点和让公众拥护他们支持的制度。一小撮商业恶棍仅仅为了增加他们银行存款的余额，就可以肆无忌惮地用粗俗的政治观点腐蚀公众的思想。当我们回顾历史，看到这让人难以置信的事实时，我们就会幡然醒悟：社会主义已经不言自明地确立了自己的正确地位。

在资本主义制度下，大多数媒体都尽可能回避具有高难度、争议性或创造性的工作，因为这些都不利于获取利润。所以，他们只满足于散布陈词滥调、哗众取宠和鼓吹偏见。与之相反，社会主义的媒体将不会禁止任何东西——除了勋伯格[1]、拉辛[2]和被篡改了的马克思的《资本论》。流行剧、电视、报纸，应有尽有。"流行的"未必都是"低俗的"。纳尔逊·曼德拉就很"流行"，但是他却并不低俗。许多普通人都阅读专业性很强的报纸杂志，里面充斥着外行人无法理解的专业术语。只不过这些刊物的内容大多是关于垂钓、农具或者狗的繁育，而不是美学或内分泌学。但是，当媒体想要以最小的代价以最快的速度在市场中掠得最大份额的时候，"流行的"就变成了垃圾。而发生这种情况的主要原因就是商业利润的驱使。

毫无疑问，社会主义者仍将继续就后资本主义经济的细节问题争论下去，到目前为止也还没有一个完美无缺的模式可供利用。相对于社会主义经济的不完美，你不妨对比一下资本主义经济：它目前的运行秩序依然无可挑剔，但同时对贫困、浪费和经济衰退也拒绝承担一丝一毫的责任。不过，资本主义承认是它造成了惊人的高失业率，但世界上那个领头的资本主义国家已经找到了一个克服这一缺陷的极富创意的办法。在今天的美国，超过一百万人被"安置"到了监狱里，否则他们都得找工作。

1　阿诺德·勋伯格（Arnold Schoenberg，1874—1951 年），美籍奥地利作曲家，音乐教育家和音乐理论家，西方现代主义音乐的代表人物之一。——译者注

2　让·拉辛（Jean Racine，1639—1699 年），法国剧作家、诗人。——译者注

第三章　驳马克思主义宿命论

反　　马克思主义是宿命论的一种。它将世间的男人和女人视为历史的工具，从而剥夺了他们的自由和个性。马克思相信，历史自有特定的铁律，这些铁律的强大力量推动着历史前行，这是任何人类行为都无法抗拒的；封建主义注定孕育出资本主义，而资本主义将不可避免地让位于社会主义。因此，马克思主义的历史观不过是世俗化的天意论或宿命论。它和马克思主义国家一样，都是对人类自由和尊严的冒犯。

　　我们或许可以用这样一个问题开始本章的讨论：马克思主义最显著的特征是什么？马克思主义有哪些其他政治理论不具备的思想？很显然，不是"革命"的概念，因为这个概念提出的时间远远早于马克思的论著；也不是"共产主义"的概念，因为这个概念的出处属于更加古老的历史。社会主义和共产主义都不是马克思的首创。当欧洲的工人运动发展到产生社会主义思想萌芽的时候，马克思自己还是一个自由主义者。事实上，我们很难想出某个单一的政治特性是马克思的思想所独有的。而"革命党"的概念来源于法国大革命，自然也决非马克思的创造。在那之前，马克思根本没有谈及过这个概念。

　　那么"社会阶级"的概念又如何呢？也不是，因为马克思本人曾经明确地否认这个概念是由他发明的。的确，他重新定义了"社会阶级"的整个概念，虽然这也很重要，但还不能算作他的创造。很多 19 世纪的思想家都熟悉"无产阶级"这个概念，这个概念也不是马克思想出来的。马克思关于"异化"的观点主要来自黑格尔，伟大的爱尔兰社会主义者和女权主义者威廉·汤普森[1] 也在马克思之前预言过这一现象。马克思也不是唯一一个强调经济在社会生活中的作用的人。他相信可以建立一个没有剥削、由生产者自己管理的合作社会，并且认为这样的社会只有通过革命的方式才能得以实现。但是，20 世纪伟大的社会主义者雷蒙德·威廉斯也有着同样的见解，而他本人并不认为自己是一个马克思主义者。此外，还有许多无政府主义者、自由社会主义者和其他派别的人士，他们虽然都认可马克思描绘的社会蓝图，却

1　威廉·汤普森（William Thompson，1775 — 1833 年），爱尔兰哲学家和社会改革人士。——译者注

激烈地反对马克思主义。

两条重要的原理构成了马克思思想的核心。其一是经济在社会生活中发挥着重要作用；其二是生产方式的不断交替贯穿整个历史。但是，我们此后将会看到，这两个概念都不是马克思自己的创造。那么，马克思主义特有的，如果不是阶级那就非阶级斗争莫属了？"阶级斗争"的确十分接近马克思主义的核心，但是它同"阶级"的概念一样都不是由马克思创造的。奥利弗·戈德史密斯 [1] 在他的诗作《荒村》(*The Deserted Village*) 中用下面这个对句描写了一个富有地主的形象：

> 慵躯裹锦袍，
> 勤者半岁饱。

这两行诗结构对称、用词精练、对仗工整，与诗中描写的经济上的浪费和不平衡形成了强烈反差。很明显，这个对句所描写的正是阶级斗争。这个地主掠夺佃农得来的是怎样的锦袍啊！或者如约翰·弥尔顿 [2] 在《科玛斯》(*Comus*) 中所写的：

> 如果每个困苦不堪的正直之士
> 都能分到哪怕一丁点儿
> 那唯有少数人才能享有的

1 　奥利弗·戈德史密斯（Oliver Goldsmith，1730 — 1774 年），18 世纪英国著名剧作家，代表作有喜剧《善性之人》和《屈身求爱》。——译者注

2 　约翰·弥尔顿（John Milton，1608 — 1674 年），英国著名诗人，代表作有《失乐园》等。——译者注

富足与奢侈

天之福佑方能不偏不倚地

遍洒人间

　　《李尔王》（*King Lear*）中也描述了几乎相同的伤感。事实上，弥尔顿的这一观点是从莎士比亚[1]那里偷偷盗用来的。伏尔泰[2]认为，富人是用穷人的鲜血养肥的，而财产正是社会冲突的核心。我们将会看到，让－雅克·卢梭[3]也持有类似的观点。因此，阶级斗争的概念并非马克思主义独有的观点，马克思本人对此也心知肚明。

　　即便如此，阶级斗争仍然是马克思理论的绝对核心。实际上，它之所以处于核心地位，我以为原因在于马克思认为阶级斗争是推动人类历史前进的力量，是人类社会发展的引擎或动力。而这样的观点是不会出自约翰·弥尔顿的思想的。虽然许多社会思想家一直把人类社会看作一个有机的统一体，但是在马克思看来，构成这一有机体的恰恰是社会的分歧。人类社会充满了互不相容的利益，它的逻辑不是凝聚而是冲突。例如，保持低工资符合资产阶级的利益，而提高工资才符合工人阶级的利益。

1　威廉·莎士比亚（William Shakespeare，1564—1616年），英国文艺复兴时期伟大的剧作家、诗人，欧洲文艺复兴人文主义文学集大成者。——译者注

2　伏尔泰（Voltaire，1694—1778年），本名弗朗索瓦－马利·阿鲁埃（François-Marie Arouet），法国启蒙思想家、文学家、哲学家，被誉为"法兰西思想之王""法兰西最优秀的诗人""欧洲的良心"。——译者注

3　让－雅克·卢梭（Jean-Jacques Rousseau，1717—1778年），法国伟大的启蒙思想家、哲学家、教育家、文学家，启蒙运动代表人物，主要著作有《论人类不平等的起源和基础》《社会契约论》《忏悔录》等。——译者注

马克思在《共产党宣言》中有一个著名的论断："到目前为止的一切社会的历史都是阶级斗争的历史。"他想说的当然不仅仅是这句话的字面意思。如果说我上周三刷牙也能算作历史的一部分，那就很难看出这与阶级斗争有什么关系。运动员在板球赛场上投出一记右拐球，或者某人对企鹅的病态迷恋，都跟阶级斗争风马牛不相及。也许"历史"指的是公共事件，而不是像刷牙这样的私人琐事。但是，昨天晚上发生在酒馆里的斗殴就应该够得上公共事件了。所以，历史也许仅限于那些重大的公共事件。可重大的公共事件的定义又该由谁来下呢？但是无论如何，"伦敦大火"怎么就能成为阶级斗争的产物呢？[1] 如果切·格瓦拉[2] 被卡车撞了，这件事要成为阶级斗争的事件也必须满足这样一个条件：驾驶那辆卡车的是一名中央情报局特工。否则，这只能算是一起交通事故。对女性的压迫史与阶级斗争史有着千丝万缕的联系，但这并不仅仅是阶级斗争的问题。华兹华斯[3] 或者谢默斯·希尼[4] 的诗歌也是同样的道理。阶级斗争并不能包罗万象。

马克思当初可能根本没有仔细斟酌他的文字表述，毕竟《共产党宣言》是一种政治宣传，而政治宣传往往充满华丽的辞藻。即便如此，马克思的思想到底包括了哪些内容，仍然是一个重要的问题。一些马克思主义者似乎将他的思想当成了无所不包的

1　发生于 1666 年 9 月 2 日到 9 月 5 日的"伦敦大火"是英国历史上最严重的火灾之一，包括圣保罗大教堂在内的许多建筑在大火中付之一炬。——译者注

2　切·格瓦拉（Che Guevara，1928 — 1967 年），马克思主义革命者和古巴游击队领导人，与菲德尔·卡斯特罗一起领导古巴人民推翻了亲美的巴蒂斯塔政权。——译者注

3　威廉·华兹华斯（William Wordsworth，1770 — 1850 年），英国浪漫主义诗人。其诗歌理论动摇了英国古典主义诗学的统治，有力地推动了英国诗歌的革新和浪漫主义运动的发展。——译者注

4　谢默斯·希尼（Seamus Heaney），1939 年生，爱尔兰诗人，1995 年获诺贝尔文学奖。——译者注

"万物理论"，这肯定是不对的。事实上，关于麦芽威士忌或者潜意识的本质，关于玫瑰花香为什么令人难忘或者宇宙为什么有物而非无物，马克思主义并没有任何高论，但是这并不能抹杀它的可信度。它本来就不是作为一种总体哲学而出现的。它不讨论美或色情，也不讨论叶芝[1]的诗如何能引起奇异的共鸣。它对爱情、死亡和生命的意义也几乎没有涉猎。当然，马克思主义的宏大叙事，从文明的起始一直延伸到人类的现在和未来。但是，除了马克思主义之外还存在许多宏大叙事，比如科学史、宗教史或者性史，这些都与阶级斗争的历史相互作用，却不能归纳到"阶级斗争"之中（后现代主义者倾向于认为，世上要么有一个宏大叙事，要么就只有许多微小叙事。这个看法是不对的）。因此，无论马克思本人是如何想的，"一切社会的历史都是阶级斗争的历史"这句话都不能被理解为世间发生的一切都是阶级斗争。这句话的真实含义是：阶级斗争是人类历史最根本的内容。

那么，该在何种意义上理解"根本"呢？比如，阶级斗争怎么就比宗教史、科学史或者性别压迫史更根本呢？就政治行为最强烈的动机而言，阶级并不一定是根本原因。想一想民族认同在这方面所起的巨大作用，而马克思主义几乎没有注意到它的重要性。安东尼·吉登斯[2]声称，国家之间的冲突，以及种族和性别不平等都"对阶级剥削来说具有同等的重要性"。[3]但是，到底在哪些方面具有同等的重要性呢？是在道德和政治上，还是在关

---

1   威廉·叶芝（William Yeats，1865—1939年），爱尔兰诗人、剧作家、神秘主义者。——译者注

2   安东尼·吉登斯（Anthony Giddens），1938年生，剑桥大学教授，英国著名社会理论家和社会学家，欧洲当代思想界少有的大师级学者之一。——译者注

3   转引自阿列克斯·卡利尼科斯编：《马克思主义理论》（*Marxist Theory*）（牛津，1989年），第143页。

乎社会主义的成败上？我们有时把某个事物称为"根本"，是因为它是另外一个事物的必要基础。尽管宗教信仰、科学发现和对女性的压迫都与阶级斗争密切相关，但还是很难看出阶级斗争是这些问题的必要基础。如果说我们把这个"根本"一脚踢开，佛教、天体物理学和世界小姐选美比赛就都会轰然坍塌的话，这显然并不真实。毕竟，它们都有各自相对独立的历史轨迹。

那么，阶级斗争的根本性究竟体现在哪些方面呢？马克思的解答似乎具有双重性。一方面，阶级斗争塑造出了众多的事件、制度和思维形式，而它们乍一看似乎都与阶级斗争没有半点关系；另一方面，阶级斗争在历史从一个纪元向另一个纪元变迁的混乱过渡时期中发挥了决定性作用。马克思所说的"历史"，并非"曾经发生过的一切"，而是指潜藏在"历史"之下的一种特殊的轨迹。他笔下的"历史"是事件发生的重要过程，而不是人类从古至今整个生存经历的同义词。

那么，"阶级斗争"的概念是不是马克思主义区别于其他社会理论之所在呢？也不尽然。我们已经看到这个概念并非他的原创，这同"生产方式"不是他的原创是一样的。马克思思想的独特之处在于他将阶级斗争和生产方式这两个概念结合在了一起，从而创造出了一种真正全新的历史观。关于这两个观念到底是如何融为一体的，一直是马克思主义者之间争论不休的问题，马克思自己对此也没有给出过令人信服的论述。如果我们一定要找出马克思主义的独特之处的话，与其越描越糟不如就此打住。从本质上讲，马克思主义是一种关于长期历史变迁的理论和实践。但我们将会看到，麻烦却在于马克思主义最独特之处也正是马克思主义最成问题之所在。

　　广义上讲，马克思所说的生产方式就是特定生产力和特定生产关系的结合。生产力就是我们为了物质生活的再生产而用来改造世界的工具。这个概念涵盖人类为实现生产目的而提高自身把握或控制自然的一切努力。如果电脑被用作物质生产的一部分，而不是用来跟伪装成友善陌生人的连环杀手聊天的话，那么它们作为一个整体就是一种生产力。在 19 世纪的爱尔兰，驴子是一种生产力；人类的劳动力也是一种生产力。但这些生产力从来不是单独存的，它们始终与某种特定的社会关系联系在一起，而在马克思的理论中就是社会各阶级之间的关系。例如，一个社会阶级可能拥有和控制着生产资料，而另一个阶级则感到自己受到了那个阶级的剥削。

　　马克思相信，生产力会随着历史的进程而不断发展。这并非意味着生产力会一直不停地向前发展，因为马克思似乎认为它们有时会陷入长期的停滞。社会发展的动力就是掌握物质生产的不同社会阶级。在这个版本的历史中，似乎是生产力"挑选"出了某个能最大限度促进其发展的社会阶级。但是，终有一天会出现一个临界点，这时占主导地位的社会关系不仅不能促进生产力的发展，反而开始成为生产力进步的阻碍。当生产力与生产关系陷入矛盾之时，政治革命的条件也就成熟了。随着阶级斗争的不断升级，有能力推动生产力前进的那个社会阶级就会从原来的统治阶级手中夺取权力。例如，资本主义步履蹒跚地从一个危机走向另一个危机、从一次萧条走向另一次萧条，这是其生产关系使然。终有一天，在它衰落的过程中工人阶级将接手生产资料的所有权和控制权。马克思在其著作中甚至宣称，只有在之前的社会阶级将生产力发展到最为充分的情况下，新的社会阶级才可能接替它成为统治阶级。

这一观点在下面这段著名的论述中得到了最为清晰的说明：

> 社会的物质生产力发展到一定阶段，便同它们一直在其中运动的现存生产关系或财产关系（这只是生产关系的法律用语）发生矛盾。于是这些关系便由生产力的发展形式变成生产力的桎梏。那时社会革命的时代就到来了。[1]

就像许多马克思主义者立即就会指出的那样，这一理论存在很多问题。

其一，马克思凭什么认定生产力总体上一直在发展？诚然，科技的发展往往具有累积性，这一点体现在人类不情愿放弃他们在物质繁荣和生产效率方面已经取得的进展上。这是因为我们这个物种不仅具有一定的理性，而且还有一定的惰性，因而总是喜欢寻找更加省力的方法（这些就是超市收银台前等待结账的队伍长度基本一样的原因）。发明电子邮件之后，我们已经不可能再回到在石头上刻字的时代。同时，我们还具有将这些科技进步传与后代的能力。即便一项技术本身已经消失，但是关于这项技术的知识却很少失传。不过，这一真理过于宽泛，难以用来回答我们的问题。例如，它无法解释生产力为什么在某些时代飞速发展，而在另外一些时代却停滞不前数百年。科技发展能否取得重大成就，取决于占主导地

1 　马克思：《〈政治经济学批判〉序言》（*Preface to A Contribution to the Critique of Political Economy*），载《马克思恩格斯选集》（*Marx and Engels: Selected Works*）（伦敦，1968 年），第 182 页。

位的社会关系，而不取决于某种固有的本能需求。一些马克思主义者认为，提高生产力的冲动是资本主义必要的特殊法则，而不是历史的一般法则。他们反对一种生产方式必然被另一种更为先进的生产方式所取代的论断。不过马克思本人是否也跟这些马克思主义者持有同样的观点还值得商榷。

其二，我们并不清楚是一个什么样的机制把特定社会阶级"挑选"出来，赋予其提高生产力的重任。毕竟生产力不能像幽灵一样遍览社会全景，从中找出其心仪的候选人来推动自己的发展。统治阶级当然不会出于利他主义的动机去推动生产力的发展，这就像他们夺取政权也并非如其所言要让饥者有食、裸者有衣一样。恰恰相反，他们总是追求他们自己的物质利益，从他人的劳动中获取剩余。然而，在这个过程中他们不知不觉地推动了整个生产力的发展，同时也充实了人类的精神财富和物质财富（至少从长远看是如此）。他们积累起了阶级社会中绝大多数人都无法享用的资源，但是他们又在这个过程中积攒起了一笔庞大的遗产，这笔遗产作为一个整体必然在某一天被未来共产主义社会中的男人和女人所继承。

很显然，马克思认为物质财富会腐蚀我们的道德健康。即便如此，他也并不像一些理想主义思想家那样，认为道德和物质之间存在着一道无法跨越的鸿沟。在他看来，拓展生产力就要发挥人的创造力。从某种意义上来说，历史决非一部进步的史诗。相反，我们一直步履蹒跚，从一个阶级社会进入另一个阶级社会，从一种压迫和剥削进至另一种压迫和剥削。然而，换一个角度看，我们完全可以将这些令人沮丧的事实看作一种不断向前和向上的运动，因为人类的需求和欲望总是变得越来越复杂，彼此间的合作越来越繁复和富有成效，新的社会关系总会不断被创造出来，人类总会不断取得新的成就。

在未来的共产主义社会中，这些历史遗产将被全人类所继承，但这一遗产的积累过程却离不开暴力和剥削。最终，一种全新的社会关系将会建立起来，并用这笔累积的财富为全人类造福。但是，积累过程本身却将绝大多数人拒之门外，使其不能享受积累的成果。因此，马克思评价说，历史是"由其坏的一面推动着进步的"。由此看来，为了未来的正义，现在的非正义似乎是不可避免的。目标与手段大相径庭：没有剥削就没有生产力的大幅度提高，而没有生产力的大幅度提高也就没有发展社会主义所必需的物质基础。

马克思正确地看到了物质与精神之间既相互冲突又密不可分的关系。马克思虽然诅咒阶级社会的道德沦丧，但又不仅限于简单的谴责，他也意识到了精神满足离不开物质基础。当你食不果腹的时候，也就不会拥有良好的社会关系。每一次人类交流方式的延伸都会带来新形式的社群和新类型的分化。新的科技可以阻碍也可以强化人类潜力的发挥。我们既不应该盲目地为现代性欢呼，也不应该轻蔑地将其贬低得一无是处。现代性的优点和缺点都是同一过程中的不同侧面。这就是为什么只有采取辩证的方法才能抓住矛盾的本质的原因，也才是对待现代性的正确方法。

尽管如此，马克思的历史理论仍然存在一些实实在在的问题。例如，为什么同样的机制——生产力与生产关系的矛盾——在每一次阶级社会改朝换代的过程中都会发生作用？是什么原因导致了漫长历史发展过程中的这种奇异的一致性？是不是无论政治反对派势力已然如何强大，也不可能推翻正如日中天的统治阶级？我们是否一定要等到生产力衰退之后呢？生产力的发展——比如，创造出了更为强大的压迫工具——是否会阻碍伺机而动的非统治阶级登上权力舞台？的确，随着生产力的发展，工人们在技术水平、组织水平和教育程度上都会得到很大的提高，（或许）在政治上也会变得愈发自信和成熟；但是同样的原因也可以带来更多的坦克、监视摄像头、右翼报纸和劳务外包模式。新技术可能会使更多人陷入失业的窘境，进而陷入政治上的麻痹。总之，一个社会阶级是否适宜发动革命，远远不能只看它是否具有促进生产力发展的能力。阶级能力是由一系列复杂因素构成的，而我们又怎么能轻易断定某一特定系列的社会关系在其中所起的作用是最大的？

社会关系的改变并不能单纯地用生产力的扩张来解释。生产力的开创性变革并不一定会带来新的社会关系，工业革命就是明证。同样水平的生产力可以与几组不同的社会关系共存，比如，斯大林主义与工业资本主义的共存。而谈到小农农业，从古至今它都可以与许多不同的社会关系和所有制形式结合在一起。或者说，同样一组社会关系也可以孕育出不同的生产力，例如资本主义工业与资本主义农业。生产力与生产关系在历史上并非和谐相处、携手共进。事实是，生产力发展的每个阶段都有可能开创出许多新的生产关系，而哪一种生产关系将最终出现却是无法保证的。同样，我们也无法保证每当历史来到转折关头的时候，就会有一个现成的革命阶级可以挑起改朝换代的历史重担。有些时候，在这样的历史关头偏偏就没有一个能够促进生产力进步的阶级出现，古代中国的历史就是很好的证明。

即便如此，生产力与生产关系之间的联系仍然能给我们带来很大启迪。其中一点在于，它让我们认识到这样一个事实：当生产力发展到某一特定程度的时候，你就只能拥有某一特定的生产关系。如果要让一些人比其他人活得更舒适，你就必须首先创造出巨大的经济剩余，而这只有在生产力发展到某个特定阶段的时候才能实现。在人人都只能靠牧羊和挖野菜勉强度日的时代，你根本不可能维持一个供养着无数诗人、侍从、小丑和管家的巨大宫廷。

阶级斗争从本质上来说就是争夺经济剩余的斗争，只要经济剩余还不足以让全人类共享，这种斗争就会一直持续下去。当生产的组织方式迫使一些人为了生存而不得不把他们的剩余劳动转交给其他人的时候，阶级就产生了。当剩余极少或者根本没有剩余的时候，比如所谓的原始共产主义社会时期，每个人都必须亲自劳作，没有任何人可以依靠他人的劳动生活，所以也就没有阶级。之后，剩余的增加成为封建领主等阶级形成的经济基础，他们靠依附于其下的劳动者的辛苦劳动养活自己。只有在资本主义制度下，才能产生足够多的剩余，从而使消除物质匮乏并进而消灭阶级成为可能。但是，只有社会主义才能将之付诸实践。

然而，我们还不清楚为什么生产力在与社会关系的较量中总能占据上风——或者说为什么社会关系总是对生产力唯命是从呢？除此之外，这一理论似乎与马克思阐述的从封建主义到资本主义的转变方式并不相符，或者在某些方面与从奴隶制到封建主义的转变方式也不相符。并且，一些毫无促进生产力增长能力的阶级仍然能够持续掌握政权长达几个世纪。

这个模式的一个明显缺陷就是其宿命论，似乎没有什么东西能够阻挡生产力前进的步伐。历史以其不可改变的内在逻辑向前发展。一个单一的历史"主体"_(即不断增长的生产力)贯穿整个历史，一路上将一个个政治体制统统淘汰。这是一种强烈的形而上学的幻想。但是，它所描述的社会进步的情景却远远没有这么单纯。随着生产力的不断进步，人类最终将走向一个更加美好的世界。但是，我们为此付出的代价之大却是令人惊悚的。生产力发展的每一步既是文明的胜利也是野蛮的胜利。如果说生产力的发展可能带来全新的解放，那么这种解放也必然是浸透了鲜血的。马克思决非盲目兜售进步的幼稚之徒，他非常清楚实现共产主义是要付出可怕代价的。

诚然，阶级斗争似乎又同时表明世间男人和女人的行为是自由的。比如，罢工、停工和占领等行为，我们就很难把它们看成是一种鬼使神差的力量所为。但是，如果这种自由行为其实是——打个比喻——早已编好的程序，事先已经"写入"不可阻挡的历史进程之中了呢？我们在这里不妨类比一下基督教中有关神的旨意与人类自由意志之间的相互作用。对于基督徒而言，我勒死一个地方警察局的警长是我的自由行为；但是上帝在永恒之中早已预见到了我的这一行为，把它纳入到了他为人类所作的规划之中。他上周五并没有强迫我穿上女侍的服装并自称为"米莉"，但是无所不知的上帝早就知道我会这么做，所以早就在他的宇宙蓝图里设计了米莉其人其事。当我祈求上帝赐予我一个更漂亮的泰迪熊，以替换躺在我枕头上的那个耷拉着耳朵、满身啤酒污渍的旧泰迪熊时，并不是上帝从来就没有过满足我愿望的想法而只是在听到我的祈祷后才改变了心意。上帝是从不改变心意的。相反，他在永恒之中决定：因为我做的祈祷而赐予我一个新的泰迪熊，而我祈祷这件事本身也是上帝早已在永恒之中预见到了的。因此从某种意义上讲，未来上帝的天国的出现并非注定之事：只有人类在现世之中就为之奋斗，它才会到来。但是世人源自自由意志而为之奋斗本身，却是蒙受上帝恩典的必然结果。

在马克思身上，也同样体现出了自由与必然的这种相互作用。他有时候似乎认为，虽然阶级斗争在某种意义上是人类的自由行为，但是在特定历史条件下却注定会激化，而且在某些时候阶级斗争的结果也是可以准确预知的。就拿社会主义为例，马克思显然认为社会主义的到来是不可避免的。他曾经不止一次表达过这个观点。在《共产党宣言》中，他声称资产阶级的覆灭和工人阶级的胜利是"同样不可避免的"。但是，这并非因为马克思相信历史深处镌刻着某条秘密法则，无论世间男人和女人做什么或不做什么，它都将把社会主义带给人类社会。如果真是这样，那马克思为什么还要呼吁人们进行政治斗争呢？如果社会主义的到来真的是不可避免的，有人就会认为我们只需要坐等其成就行了，也许还可以在等待的同时点上一份咖喱饭或者收集一些刺青图案。历史宿命论是治愈政治无为主义的良方。20世纪的共产主义运动之所以没能挫败法西斯主义，历史宿命论起到了至关重要的作用，因为人们一度曾经相信法西斯主义不过是资本主义制度行将灭亡时的垂死挣扎。有人可能会说，19世纪的人们有时可能对这一"不可避免的"的社会十分渴望，但是现在的我们却并非如此。如今，"……是不可避免的"这样的句子总是给人一种不祥的感觉。

马克思并不认为社会主义的必然性就意味着我们可以躺在床上睡大觉。相反，他认为资本主义制度一旦衰落，劳动人民就必须挺身而出，不仅没有任何理由不将其取而代之，而且有充分的理由将其取而代之。他们将会意识到，改变社会制度不仅是符合他们的利益的，也是作为大多数的他们完全有能力做到的。他们都是理性的动物，到时候自然会理性地采取行动，建立起一个新的社会制度。当你已经有能力让这个体制作出有利于自己的改变时，为什么还要把你将要推翻的那个体制下的那个可怜虫从覆灭之中拯救出来呢？如果你的脚奇痒无比，你明明可以挠一挠，干吗非要忍耐不可呢？正如基督徒认为人的自由行为同时也是上帝预先规划的一部分一样，马克思坚信，资本主义的瓦解必将不可避免地引导人民根据自己的自由意志将其扫进历史的垃圾堆。

接下来，马克思又论述了在特定环境下自由的男人和女人必然要做的事情。但毫无疑问，这个说法本身就自相矛盾，因为自由就意味着没有任何事情是你必然要做的。即便你因饥肠辘辘而腹痛难忍，你也不必非要吃下一块多汁的猪排。如果你是一名虔诚的穆斯林，你或许会选择饿死。如果我只能采取一种行动而且又不得不采取这种行动，那么在这种情况下我就不是自由的。资本主义也许正在毁灭的边缘上苦苦挣扎，但是取而代之的不一定就是社会主义，也有可能是法西斯主义或野蛮社会。也许资本主义崩溃的时候，工人阶级不仅十分孱弱并且意志消沉，从而根本无法付诸任何建设性的行动。马克思认为，在最为悲观的情况下，阶级斗争可能会造成相互争斗的阶级"两败俱伤"。

或者——这是马克思未能充分预见到的一种可能性——资本主义制度也可能通过改革而避开政治暴动。社会民主主义正是挡在资本主义与政治灾难之间的一道防波堤。如此一来，资本主义就可以利用从发达生产力中获取的剩余收买革命，这一点与马克思描绘的历史蓝图是完全不相符的。他显然相信，资本主义的繁荣只能是昙花一现，这个制度终有一天将土崩瓦解，工人阶级将不可避免地崛起并接管政权。但是这种观点至少忽略了一个问题：资本主义即便危机四伏也能够千方百计地（相比马克思的时代，我们当今的手段要复杂、巧妙得多）笼络人心。在那个年代里，毕竟还没有福克斯新闻频道（Fox News）和《每日邮报》（Daily Mail）供其参考。

当然，我们也可以设想另一种未来，即根本没有未来的未来。马克思不可能预见到核毁灭或者生态灾难，或者因为某颗小行星撞击地球而给统治阶级带来挫折，但即便遭受如此厄运在一些资本家眼里也比发生社会主义革命要强。如果真的发生这样的突发事件，最坚定的历史宿命论也无济于事。不过，我们依然可以探究马克思在多大程度上是一位历史宿命论者。如果马克思的著作中只有生产力产生特定社会关系这一观念，那么这个问题的答案很简单了：这意味着马克思是一个彻头彻尾的宿命论者，而这样一个结论对几乎当今所有马克思主义者来说都是无法接受的。[1] 这种观点认为，人类历史并不是人类自己创造的，而是生产力创造的，生产力具有自己奇特的拜物教特性。

但是，在马克思的著作中还存在另外一种思潮，即认为社会生产关系高于生产力，而不是相反。封建主义让位于资本主义，并不是因为后者比前者能更为有效地促进生产力的发展，而是因为乡村中的封建社会关系逐渐被资本主义的社会关系所取代。是封建主义创造出来适合新兴资产阶级成长的条件；资产阶级的出

---

[1] G.A. 柯恩：《卡尔·马克思的历史理论：一种辩护》（Marx's Theory of History: A Defence）（牛津，1978年）中为这一观点提供了最有力的支持。一个错误的观点很少能得到这样的认同。S.H. 瑞格比（S. H. Rigby）所著的《马克思主义与历史》（Marxism and History）（曼彻斯特和纽约，1987年）对马克思的历史理论进行了很好的记述，本书借鉴了该作品的内容。

现并非生产力发展的结果。此外，在封建主义制度下如果生产力得以扩张，并非因为生产力具有某种固有的发展倾向，而是因为阶级利益的驱动。对现代而言，如果说生产力在过去的两个世纪中一直在快速增长着的话，那是因为资本主义必须不断扩张否则将无法生存。

在这个替代理论中，人类以社会关系和阶级斗争为形式，确实成为自己历史的创造者。马克思曾经谈到，他和恩格斯对于"阶级斗争是历史发展的直接动力"的观点已经强调了大约四十年。[1] 阶级斗争有一个重要特点，即其结果是无法预知的，因此宿命论也就失去了根据。你或许总是可以说阶级冲突是注定要发生的——因为社会阶级具有追逐相互冲突的利益的本性，这是由生产方式所决定了的。但是，这种"客观的"利益冲突不时会以大规模政治斗争的形式出现，很难想象这样的斗争怎么可能是预先设定好了的。马克思可以认为社会主义是不可避免的，但是他肯定不会认为《工厂法案》或者"巴黎公社"是不可避免的。如果他真的是一个纯粹的宿命论者，那么他很可能会告诉我们社会主义会在何时以何种方式到来。可是他毕竟不是一个从水晶球中窥探天机的占卜术士，而是一个谴责世间非正义的预言家。

马克思这样写道："历史什么事情也没有做，它'并不拥有任何无穷无尽的丰富性'，它并'没有在任何战斗中作战'！创造这一切、拥有这一切并为这一切而斗争的，不是'历史'，而正是人，现实的、活生生的人。'历史'并不是把人当作达到自己目

1　转引自阿列克斯·卡利尼科斯与克里斯·哈曼（Chris Harman）：《工人阶级的变迁》（*The Changing Working Class*）（伦敦，1983 年），第 13 页。

的的工具来利用的某种特殊的人格。历史不过是追求着自己目的的人的活动而已。"[1] 马克思对古代社会、中世纪社会和现代社会的阶级关系的评价,让人感到似乎阶级关系才是这些社会的首要因素。同时他还坚持认为,无论是奴隶制社会、封建社会还是资本主义社会,每一种生产方式都具有自己鲜明的发展规律。如果的确如此,那么人们再也不需要按照严格的"线性"历史进程的观点来思考问题,也不再认为各种生产方式会按照某种内在的逻辑相互交替。封建主义并不存在某种内在的致病因素,将其不可抗拒地推向资本主义。历史不再是一块由一根长线贯穿其中的锦缎,而是由一系列差异和间断形成的进程。恰恰是资产阶级的政治经济学而不是马克思主义,相信所谓"普遍适用的革命法则"。实际上,马克思本人对那些指责他试图将整个人类历史归于一个单一法则之下的说法表示了反对。他非常厌恶这种乏味的抽象概念,认为那正是浪漫主义的做法。他坚持认为:"如果不是将唯物主义方法作为调查研究的指导思想,而是将其用作一种为满足自身需要而扭曲历史事实的现成模板,那唯物主义就变成了它的对立面。"[2] 他警告说,他对资本主义起源的看法不应变成"忽略各国历史环境的不同,用命运确定的一般性道路来解释各国情况的历史哲学理论"。[3] 如果说某些历史倾向的确应验过的话,那么也有某些反倾向让我们意识到最终的结果是不能确定的。

---

1   马克思:《神圣家族》(*The Holy Family*)(纽约,1973 年),第 101 页。

2   马克思和恩格斯:《通信选集》(*Selected Correspondence*)(莫斯科,1975 年),第 390 — 391 页。

3   同上,第 293 — 294 页。

一些马克思主义者试图贬低"生产力的首要性",而提升我们刚刚探讨过的替代理论的重要性。但这一做法未免有点防卫过当了。前一种观点在马克思著作中的重要论述中出现过多次,证明马克思对待这一观点是十分认真的,而决非什么突发奇想。同时,这也是包括列宁和托洛茨基在内的马克思主义者对马克思主义的通常理解。一些评论者声称,马克思写作《资本论》的时候已经或多或少放弃了他之前的观点,不再把生产力看作历史的英雄了。但其他人并不以为然。然而,研究马克思的人可以自由选择他们认为合理的观点,只有那些马克思主义原教旨主义者才会将马克思的著作视为不可改变的圣典,现在马克思主义原教旨主义者恐怕比基督教各种流派的原教旨主义者要少得多。

没有证据可以证明马克思从整体上讲是一个宿命论者,否认人类行为是自由的。恰恰相反,他明确信仰自由,经常谈论,且不仅限于在报章杂志上,个人如何(有时是应该)拥有各自独特的行为方式,不管历史的局限会对他们的选择产生什么样的影响。恩格斯在一些人看来是彻头彻尾的宿命论者,但他一生都对军事战略保持着浓厚的兴趣,而军事战略根本谈不上什么命运问题。[1] 我们会发现,马克思强调勇气和坚持对取得政治胜利的至关重要性,并且似乎也充分考虑到了突发事件能对历史进程起到决定性影响。1849 年的霍乱疫情致使法国武装工人阶级遭遇失败就是很好的例证。

---

1 约翰·马奎尔(John Maguire)在《马克思的政治理论》(*Marx's Theory of Politics*)(剑桥,1978 年)第 123 页中提出的观点。

无论如何，必然性可以是多种多样的。非宿命论者也可以认为一些事情是不可避免的，甚至连自由主义者也相信死亡是不可避免的。如果一大堆得克萨斯人都要挤进一个电话亭里去，那么肯定有人会被挤成肉饼。这是一个物理学问题，而不是命运问题。因为这并没有改变一个事实，即这些人都是出于自由意志挤进那个电话亭里去的。我们自由采取的行动，惯常导致其以一种异化力量的形式同我们相对抗的结局。马克思关于异化和商品拜物教的理论正是基于这样的事实。

必然性还包含其他含义。宣称正义将不可避免地在津巴布韦取得胜利，并不意味着这件事就必然会发生。这可能更多地是出于一种道德或政治上的需要，意思是说其他的选择都太糟糕，不值得为其费心思。"要社会主义还是要野蛮社会"，并不是说我们的最终结局是这两种社会制度必居其一。这也可能是强调"不实现社会主义后果将不堪设想"的一种方式。马克思在《德意志意识形态》中提出："现代的个人必须去消灭私有制。"但是，这里的"必须"更多的是一种政治劝导，并不是说除此之外别无他法。这样看来，马克思或许不是一个一般意义上的宿命论者，但他作品中的许多表述却传达出了一种历史宿命论意识。他有时会将历史规律比作自然规律，比如他在《资本论》中提出："问题本身并不在于资本主义生产的自然规律所引起的社会对抗的发展程度的高低。问题在于这些规律本身，在于这些以铁的必然性发生作用并且正在实现的趋势。"[1] 当一位评论者说在马克思的作品中社会的演化就如同一种自然历史的进程时，马克思似乎表示了赞

---

[1]　马克思:《资本论》(*Capital*) 第一卷 (纽约，1967 年)，第 9 页。

同。马克思还赞同并引用了一位评论家对他的著作的评论，该评论认为他的著作揭示了"现行事物秩序的必要性，以及现行秩序将不可避免地演变为另一种秩序的必要性"。[1] 但是我们还不清楚，这种朴素的宿命论是如何与阶级斗争中心主义融合在一起的。

恩格斯曾数次将历史规律和自然规律明确地区分开来，但是却在另一些时候数次强调这两者之间存在着紧密联系。马克思似乎想从自然中为历史找到根据，但是他也强调，我们创造历史却不创造自然。有时候他批评用生物学原理解释人类历史的方法，还反对所谓存在普遍适用的历史规律的说法。马克思同许多19世纪的思想家一样，劫持了自然科学的权威性以及最高的知识模型，以便为自己的作品赢取合法性。但是，他或许也相信，所谓的历史规律是可以通过科学规律的确定性去认知的。

即便如此，人们也很难赞同马克思把资本主义利润率的下降趋势视为同万有引力定律一样确定无疑的观点。他不可能想到历史会像风暴一样演变。诚然，马克思认为历史事件的进程会展现出某种显著的模式，但是持这种观点的决非只其一人。将历史看作全无章法的随机事件的人并不多。如果社会生活既无规律可循也不存在任何可预见的发展趋势，我们就不可能采取任何有目的的行动。这并不是一道既非不变铁律即是绝对混乱的选择题。任何一个社会都如同任何一种人类行为一样，在开启某些未来希望的同时也会屏蔽另一些可能性。但自由与限制之间的这种相互作用决非什么必然。如果你试图在落后的经济条件下建立社会主

1 　转引自汤姆·博托莫尔（Tom Bottomore）编辑：《马克思主义思想辞典》（*A Dictionary of Marxist Thought*）（牛津，1983 年），第 140 页。

义，那么就如同我们已经看到的那样，你很可能最终陷入某种形式的斯大林主义。这是一种历经无数次检验的历史模式，一大批失败的社会实验已经证实了这个规律。自由主义者和保守主义者通常不喜欢谈论历史规律，在涉及这一特殊问题时他们也可能会改变态度。但是，如果声称你最终必定会陷入斯大林主义的桎梏，则不免忽视了历史的偶然性。或许普通百姓会揭竿而起，夺取政权；或许一些富国会出乎意料地向你伸出援手；或许突然发现你就坐在全球最大的一块油田之上，可以利用这一资源以一种民主的方式建立起自己繁荣的经济。

历史的进程在很大程度上也是如此。马克思似乎并不相信从奴隶制到现代资本主义的各种生产方式是按照某种不可改变的模式依次交替的。恩格斯曾经说过，历史"常常是跳跃式地和曲折地前进的"。[1] 一方面，从一开始不同的生产方式之间就不仅仅是一种交替关系，它们可以在同一个社会中共存。另一方面，马克思曾明确表示，他关于从封建主义向资本主义过渡的观点是仅仅针对西方社会而言的，并不具有普遍适用性。至于生产方式，并非每个国家都必须经历从一个阶段到另一个阶段的相同过程。布尔什维克就成功跨过了资本主义充分发展的长期阶段，将半封建主义的俄国带入了社会主义社会。

马克思一度相信，他的祖国德国在工人阶级夺取政权之前必须经历一个资产阶级统治的阶段。但后来，他似乎放弃了这样的想法，转而建议通过一场"一劳永逸的革命"套叠不同的阶段。

1 　转引自翁贝托·梅洛蒂（Umberto Melotti）:《马克思主义与第三世界》（*Marxism and the Third World*）（伦敦，1972 年），第 6 页。

启蒙运动的典型历史观将历史视为一个有机进化的过程，在此过程中每一阶段都从另一阶段自然而然地孕育出来，从而构成我们统称为"进步"的整体。相比之下，马克思主义的叙事是以暴力、分裂、冲突和非连续性为特征的。进步确实是有，但正如马克思在其著作中评论印度社会时所说的那样，进步像可怕的异教神怪，只有用被杀害者的头颅作酒杯才能喝下甜美的酒浆。

马克思到底在多大程度上相信历史的必然性不仅仅是一个政治和经济问题，也是一个道德问题。他似乎并不认为封建主义或者资本主义必然会兴起。要摆脱某种特殊的生产方式，可以有多种途径。当然，这种选择也是有限度的。比如，你不可能从一个消费资本主义社会倒退回一个茹毛饮血的原始社会，除非一场核大战不期而至。高度发达的生产力会使这种倒退变得毫无必要和不受欢迎。但是，马克思认为有一种转变是不可避免的，那就是从资本主义向社会主义的转变。在自利、残酷竞争和无休止扩张需求的驱使下，只有资本主义才能够使生产力得到充分的发展，创造出在另一个不同的政治制度下足以使所有人受益的剩余。要实现社会主义，必须首先实现资本主义；或者说，也许你不必经过资本主义，但是总有人必须经过资本主义。马克思认为，俄国有可能在其农民公社的基础上而无需经历工业资本主义的历史去实现某种形式的社会主义；但是，他却没有想象出来在没有来自其他国家的资本主义资源的帮助之下社会主义也能取得成功。某一个特殊的国家或许不需要经历资本主义阶段，但是要实现社会主义，其他地方就必须要有资本主义存在。

这就产生了一些棘手的道德难题。就像一些基督徒认为的那样，作为上帝为人类制定的规划中的一部分，邪恶在一定程度上也是可以接受的，因而你也可以这样来理解马克思的话：无论资本主义多么贪婪或不公，为了实现社会主义的未来都是必须忍受的，因为它将不可避免地把社会主义带给我们。实际上，我们不仅要容忍资本主义，还要积极地鼓励资本主义的发展。马克思在其著作中就多次为资本主义的发展欢呼叫好，因为只有资本主义的发展才能铺就通往社会主义的道路。例如，在1847年的一次演讲中，马克思就为自由贸易进行了辩护，认为它正在加速社会主义的到来。他还希望看到德国的统一，却是基于统一能促进德国资本主义发展这样一种认知。这位革命社会主义者还曾数次在其著作中流露出对进步资产阶级的过分期待，指望他们结束人类的"野蛮状态"。

这种观点是否道德显然值得怀疑。它同斯大林以实现社会主义的未来为名进行的屠杀有什么区别？美好的结果是否就能洗清卑劣手段的罪名呢？既然当今已经没有几个人相信社会主义必然到来，那么在一个很可能永远不会实现的未来的祭坛上进行的残酷杀戮，我们是不是更有理由宣布将它唾弃呢？如果资本主义对实现社会主义至关重要，并且资本主义又毫无公正可言，那么这是不是意味着不公正的东西在道德上也是可以接受的呢？如果未来必将是正义的世界，那么过去就必须充满不正义吗？马克思在《剩余价值理论》中写道："人类能力的发展是以占绝大多数的个人甚至阶级为代价的。"[1] 他的意思是说，当共产主义实现的时候，人类的善最终将战胜恶，但是在通往共产主义的征途中，会发生许许多多痛苦和不公正的事情。最终，物质的繁荣将成为自由的

1　马克思：《剩余价值理论》（*Theories of Surplus Value*）（伦敦，1972年），第134页。

支撑，而物质的繁荣正是这非自由结出的果实。

有人作恶并希望由此带来善果，有人则努力将别人作的恶转化为善果，这两者是不同的。社会主义者没有作过资本主义的恶，所以他们对资本主义的罪行不用担负责任；但是，如果这个恶已经存在，改恶向善显然才是理性的做法。这样做是完全有可能的，因为资本主义当然也并非只有恶。认为资本主义一无是处的观点是极其片面的，马克思本人从来没有犯过这样的错误。我们已经看到，资本主义制度不仅能孕育出自由，还能孕育出野蛮、解放和奴役。资本主义社会创造出巨大的财富，但是却无法让生活在这个制度下的绝大多数公民得到那些财富。即便如此，那些财富总还是可以让大多数人得到的。我们可以把财富从孕育它的那些贪婪的、个人主义的形式中解放出来，将其投资于整个共同体，并且将其不良影响降至最低限度。这样一来，世间的男人和女人都将从经济必然性的桎梏中解放出来，过上一种能够自由发挥自身创造性潜能的生活。这就是马克思憧憬的共产主义。

但是，所有这一切决不是说资本主义的兴起是有百利而无一害的好事。如果我们能够以更少血泪、汗水的代价实现人类解放，那当然更好。从这个意义上说，马克思的历史理论并不是一种"目的论"。目的论理论认为，人类社会的每个历史阶段都是前一个阶段的必然产物。在这个过程中，每个阶段都是必不可少的，每个阶段都同其他阶段一起构成了实现某一特定目标不可或缺的条件。这个目标本身是必然的，它是隐藏在整个历史进程背后的驱动力。在这一叙事中，每个因素都不能被忽略，无论它们看起来多么有害和负面，都会促进整体善的到来。

　　这根本不是马克思主义宣扬的观点。我们可以说利用资本主义去建设一个更美好的未来，但这并不是说资本主义正是为了这个目的而存在的，也并不是说社会主义只能在资本主义之后才能实现。社会主义的实现并不能为资本主义的恶行洗清罪名，也不能说资本主义必然会出现。生产关系也不是必然会出现的，它们并非因为某种内在的逻辑关系同之前的各个阶段联系在了一起。历史进程中的任何一个阶段都不是为了其他阶段而存在的。像布尔什维克那样跳过某些历史阶段是可能的，而结果却是无法保证的。对于马克思来说，历史并不是朝着某个特定方向前进的。虽然资本主义可以被用来建设社会主义，但这并不意味着整个历史进程都在为实现社会主义的目标而秘密奋斗。

　　现代资本主义时代成就斐然，这无可置疑。它特色鲜明，从麻醉药剂和刑法改革到高效的卫生体系和言论自由，这些成就本身就值得肯定，而不是因为它们可以被社会主义利用才显得珍贵。但是，这不意味着它们可以洗清资本主义的罪恶。我们可以说，即使阶级社会碰巧最终导致了社会主义，人类为这个理想的结局被迫付出的代价还是太过高昂了。一个社会主义的世界必须延续多久以及必须达到多大程度的兴盛昌隆，才足以抵消阶级社会在历史上造成的巨大伤痛？难道它真有如此能力，甚至连奥斯威辛集中营那样的暴行也变得可以接受？马克思主义哲学家马克斯·霍克海默[1]说："历史的道路铺就在无数个人的悲伤与痛苦之上。你可以对这两者之间的联系作出诸多解释，但唯独不能为其

1　马克斯·霍克海默（Max Horkheimer，1895—1973年），德国第一位社会哲学教授，法兰克福学派创始人，认为马克思主义就是批判理论。——译者注

罪责辩护。"[1]

　　一般而言，马克思主义并不是一种悲剧性的世界观。它的最后一幕——共产主义——非常令人欢欣鼓舞。但是，如果你不去体会它的悲剧性张力，也就不可能理解其复杂深意。马克思主义叙事并不是因为结局悲惨而具有悲剧性。然而，一种叙事并不必然因结局悲惨而具有悲剧性。即便世间的男人和女人最终都皆大欢喜，但是他们的祖辈为了他们的幸福经历了太多的痛苦仍然让人感到悲惨。有太多人倒在了通往社会主义的路上，壮志未酬，烟消云散。除非我们真的可以起死回生，否则我们永远也无法补偿那数以百万计的牺牲者。这正是马克思的历史理论的悲剧性之所在。

　　阿吉兹·阿罕默德[2]很好地抓住了问题的实质。他说的是马克思关于农民阶级的消亡问题，但是马克思所表达的观点在其著作中却具有更为普遍的适用性。阿吉兹写道："在我看来那是一种悲剧式的愤怒语言，一种巨大的瓦解和不可挽回的失落感，一种无论是旧社会还是新社会都难以完全认同的道德困境，认识到受苦之人既值得尊重又有其缺点，认识到历史的成败终究要归于物质生产，他怀着一丝微弱的希望，认为善果最终可能出自这种残忍历史。"[3]悲剧不一定就是毫无希望，毋宁说悲剧到来之时往往

1　转引自阿尔弗雷德·施密特（Alfred Schmidt）:《马克思的自然观》（*The Concept of Nature in Marx*）（伦敦，1971年），第36页。

2　阿吉兹·阿罕默德（Aijaz Ahmad），生于印度，当代著名马克思主义理论家、政治评论家。——译者注

3　阿吉兹·阿罕默德:《在理论内部：阶级、民族与文学》（*In Theory: Classes, Nations, Literatures*）（伦敦，1992年），第228页。中译文参考易晖译本（北京大学出版社，2014年），特此感谢！——译者注

伴随着恐惧、战栗以及惊悚的表情。

最后，还要指出一点。我们已经看到，马克思自己认为资本主义对社会主义而言是不可或缺的。但事实真是如此吗？如果有人试图尽可能用符合民主社会主义价值观的方法把低水平的生产力发展上去，结果又会如何呢？这将会是一项极其艰难的任务。但大体上讲，这正是布尔什维克俄国左翼反对派的观点[1]；虽然他们的这个计划失败了，但是也有充分的理由证明这确实是在当时的情况下应该采取的正确战略。无论如何，要是这个世界上从来就没有出现过资本主义呢？人类难道就不能找到某种不那么残酷的方式，去发展马克思眼中最可宝贵的产品——物质繁荣，一种由富于创造性的人类力量、自我决定、全

1　所谓的"左翼反对派"是指存在于 1923—1927 年间的一个苏联共产党内部派系，其实际领导人是列夫·托洛茨基。——译者注

球沟通、个人自由、瑰丽文化等共同构成的财富？另一种完全不同的历史难道就不能创造出像拉斐尔[1]和莎士比亚这样的天才人物吗？想到古希腊、波斯、埃及、中国、印度和美索不达米亚等灿烂辉煌的艺术和科学，人们不禁要问：资本主义的现代性真的是必要的吗？现代科学和人类自由之价值与原始部落社会之精神产品，人们更应该看重哪个？如果把民主和大屠杀放到历史的天平上，究竟孰轻孰重？

这个问题已经超越了学术讨论的范畴。假设我们中的一些人能够从核战争或者环境灾难中幸存下来，不得不从零开始重建文明，并且假设我们已经知道造成这场灾难的原因，那么这一次尝试走社会主义道路难道不是更明智的选择吗？

1　拉斐尔（Raphael，1483—1520年），意大利著名画家，"文艺复兴三杰"之一，代表作有《西斯廷圣母》《雅典学派》等。——译者注

第四章　驳马克思主义乌托邦论

反　　马克思主义是一个乌托邦式的梦想。它认为建立一个完美社会是有可能的，那里既没有艰辛和苦难，也没有暴力和冲突。在共产主义制度下，没有对抗、私利、占有、竞争或不平等。没有贵贱之分。人们不再工作，全人类都将完全和睦地生活在一起，物质产品永不枯竭。这种出奇幼稚的憧憬源自于对人性的轻信。它把人类邪恶的本性抛在一边，完全忽略了这样一个基本事实：人生来就是自私、贪婪、好斗和竞争的生物，无论如何庞大的社会工程都不能改变。马克思对未来的天真想法反映了他整体政治主张的荒谬与不切实际。

"那么，在你们这个马克思主义的乌托邦里还会有交通事故吗？"马克思主义者已经习惯了这类冷嘲热讽的问题。事实上，与其说这种议论反映出了马克思主义者的幻想，倒不如说它反映出了说话者自身的无知。因为，既然乌托邦意味着一个完美无瑕的社会，那么"马克思主义的乌托邦"一说本身就是自相矛盾的。

说来也巧，在马克思主义传统中"乌托邦"一词有很多有趣的用法。[1] 威廉·莫里斯[2]是英国最伟大的马克思主义革命者之一，他创作的《乌有乡消息》[3]是关于乌托邦的不朽之作。与几乎所有其他乌托邦题材作品不同的是，这本书翔实地展现了政治变革发生的过程。然而，从"乌托邦"这个词的日常意义上讲，马克思对那个没有痛苦、死亡、失落、失败、崩溃、冲突、悲剧，甚至没有劳动的未来根本不感兴趣。实际上，他对整个未来都没有丝毫的兴趣。他的著作存在一个众所周知的问题，那就是他几乎从来没有详细阐述过社会主义社会或共产主义社会究竟是什么样子。因此，他的批评者可以指责他的理论过于含混不清，不可原谅，但是他们不能在这样指责他的同时又指责他描绘了乌托邦的蓝图。是资本主义而不是马克思主义总是拿未来做交易。在《德意志意识形态》一书中，马克思反对将共产主义视为"现实应当与之相适应的理想"，

1　弗雷德里克·詹姆逊：《未来考古学》（*Archaeologies of the Future*）（伦敦，2005 年），是针对乌托邦的积极意义做出的最佳研究成果之一。

2　威廉·莫里斯（William Morris，1834—1896 年），英国工艺美术运动的领导人之一，小说家、诗人，英国社会主义运动的早期发起者之一。——译者注

3　《乌有乡消息》（*News from Nowhere*）是一部长篇政治小说，描写了一个社会主义者在参加了一次有关社会主义问题的讨论之后回家做了一场梦。小说通过对主人公梦境中已经实现了社会主义的英国的所见所闻的描写，热情地赞颂了共产主义，并对 19 世纪英国资本主义经济制度和帝国主义政策进行了批判。——译者注

他将其视为"消灭现存状况的现实的运动"。[1]

按照传统，犹太人是禁止预测未来的。马克思作为一个世俗的犹太人，在未来如何的问题上总是保持沉默。我们已经看到，他可以认为社会主义必然会实现，但是对这样一个社会到底会是什么样子他却说得少之又少。他的沉默有几个原因。其一，未来并没有存在过，因此编造未来景象不过是一种谎言。如果这样做，还会给未来蒙上一层宿命论的色彩——好像未来就隐藏在某个阴暗的角落中，等待着我们去发现。我们已经看到，马克思在一定程度上认为未来是不可避免的，但是不可避免的事物并不一定就是我们想要的。死亡也是不可避免的，但是对于大多数人而言死亡却不是他们想要的。或许未来早已预先设定好了，但这并不能成为我们假定未来一定比现在更好的理由。正如我们已经看到的，不可避免之事往往不是什么好事。马克思本人也需要对此有更充分的认识。

然而，预测未来不仅仅是毫无意义的，还可能造成实实在在的破坏。自认为有能力把握未来只能给我们带来一种虚假的安全感。这是一种让我们远离开放式的现实生活及其不确定性和不可预知性的手段。这是一种对未来的恋物癖——一个抓在手里就感到安慰的偶像，就像一个蹒跚学步的小孩紧紧抓住他的毯子一样。这是一种永远不会让我们失望的绝对价值，因为（既然它根本不存在）它不过是独立于历史风云之外的一个幽灵。你也可以用垄断未来的方法达到控制现实的目的。在我们这个时代，真正的预言家不是那些蓬头垢面、被人抛弃的浪荡子，声嘶力竭地预告耸人听闻的资本主义行将灭亡的消息，而是那些受雇于跨国公司的专业

1　马克思和恩格斯：《德意志意识形态》(*The German Ideology*)（伦敦，1974 年）。

人士：他们通过深入研究资本主义制度的内在机制，然后向统治者保证说他们的利润在下一个十年里仍然安全无虞。相比之下，所谓的先知就决非什么长着千里眼的世外高人。《圣经》中的先知也从来没有试图预知未来。恰恰相反，先知谴责现世的贪婪、腐败和玩弄权术，警告我们如果不能做出改变，我们就根本没有未来。马克思正是这样的一位先知，而不是什么算命先生。

马克思之所以对预测未来如此谨慎，还有另外一个原因。因为在马克思的时代，到处充斥着对未来的种种预测——而所有的预测几乎都是出自不可救药的理想主义激进分子之手。历史不断向前和向上发展直至完美状态，这并不是左翼人士的观点，而是18世纪启蒙运动中的陈词滥调，它并不是因为革命社会主义而为人所知的。它反映出了生机勃勃的资本主义早期阶段的欧洲中产阶级的自信。推翻暴政将带来理性，科学将战胜迷信，和平将驱除战争，其结果是整个人类历史（其实大多数思想家指的是欧洲）将最终进入一个自由、和谐和商业繁荣的新时代。历史上遭受过最严重蹂躏的中产阶级，恐怕也不会接受这个自欺欺人的幻想。我们已经看到，马克思确实相信文明和进步，但是他同时认为，至少到目前为止进步和文明总是与愚昧和野蛮密不可分的。

这并不是说马克思没有从傅立叶[1]、圣西门[2]和罗伯特·欧文[3]

1　夏尔·傅立叶（Charles Fourier，1772—1837年），法国哲学家、经济学家、空想社会主义者。——译者注

2　圣西门（Saint-Simon，1760—1825年），法国哲学家、经济学家、空想社会主义者。——译者注

3　罗伯特·欧文（Robert Owen，1771—1858年），英国乌托邦社会主义者、企业家、慈善家，曾在美国印第安纳州买下1214公顷土地建立"新和谐村"，进行共产主义"劳动公社"的实验，但最终以失败告终。——译者注

等乌托邦思想家那里学到过任何东西。虽然马克思对他们持批判态度，但是同时也赞赏过他们的某些相当进步的观点。（不过不是他们的全部观点。比如创造了"女权主义"这个词汇的傅立叶，他认为一个理想的社会单元应该设计为不多不少刚好可容纳 1620 人；相信在未来社会中，海水会变成柠檬汁。马克思本人可能更希望海水能变成香醇的"雷司令"葡萄酒。）马克思反对的诸多观点之一，就是乌托邦主义者自认为他们仅凭论辩的力量就可以战胜对手。对他们而言，社会是一场观念的交锋，而不是物质利益的冲突。相比之下，马克思对这种寄希望于知性对话的信念一直持怀疑态度。他认识到，真正能够吸引世间男人和女人的观念都来源于他们自己的日常生活实践，而不是来自于什么哲学家或者辩论社团的演讲。如果你想了解人们的真实想法，那就看看他们在做些什么，而不是听他们说些什么。

对马克思来说，乌托邦蓝图分散了人们对当前政治任务的注意力。与其把精力投入对于乌托邦蓝图的幻想，倒不如使其服务于政治斗争来得更富有成效。作为唯物主义者，马克思对那些脱离了历史现实的观点都保持着审慎的态度，并且认为这种脱离实际的观点一定是由相应的历史原因造成的。任何无所事事的人都可以设计出一个美好的未来，这就像任何人都可以构思一部绝妙小说的无数情节，却从来没有抽出时间写过一个字一样。因为他们一直在无休止地构思。马克思的观点认为，不要去幻想理想的未来，而要去解决阻碍美好未来实现的现实矛盾。当人们真正做到这一点的时候，像他自己那样的人就不再需要了。

在《法兰西内战》一书中，马克思写道，那些革命工人"不是要实现什么理想，而只是要解放那些在旧的、正在崩溃的资产阶级社会里孕育着的新社会的因素"。[1] 对于更美好未来的希望不能仅仅停留在一声充满渴望的"如果……就好了"上面。如果要使这种希望超越毫无意义的幻想，那么一个截然不同的未来就不仅仅是值得想望的，还必须是可行的；而所谓"可行"，就是未来必须立足于眼下的客观现实，而决不可能是什么从政治外层空间掉到现实世界里来的一个馅饼。人们必须找到一种方法来扫描或 X 光透视现实，从而揭示出潜藏在现实中的特定未来的萌芽。否则，你能做的只能是让人们徒劳想望，而根据弗洛伊德的学说，徒劳想望终将导致精神失常。

所以，现实中存在着超越现实的力量。例如女权主义，虽然它是一场当下正在开展的政治运动，但是它所着眼的未来却远远超越了现实。在马克思看来，把现实与未来联系在一起的是工人阶级——工人阶级曾经是一种当下的现实和变革现实的推动者。解放政治把未来楔子的锐角嵌入到现实的心脏之中，扮演了现实与未来之间的桥梁和交汇点的角色。无论现实还是未来，其动力都来源于过去，而过去指的是宝贵的政治传统，人们必须努力使其保持活力。

一些保守主义者也是乌托邦主义者，但他们的乌托邦不在未来而在过去。在他们眼里，历史是一个漫长而又令人悲哀的黄金年代组合的衰落过程，包括亚当、维吉尔[2]、但丁、莎士比亚、塞

1　马克思：《法兰西内战》（ *The Civil War in France* ）（纽约，1972 年），第 134 页。

2　维吉尔（ Virgil，拉丁名 Publius Vergilius Maro，前 70 — 前 19 年），古罗马诗人。著有长诗《牧歌》《爱奈特》《伊尼特》，史诗《埃涅阿斯纪》。——译者注

缪尔·约翰逊[1]、杰斐逊、迪斯雷利[2]、玛格丽特·撒切尔以及或多或少你期望提及的其他某些人的年代。就像乌托邦思想家依恋未来一样，这些保守主义者依恋的是过去。不过，也有一些保守主义者反对这一"衰落"说，其根据是每个时代都同任何另外一个时代一样可怕。对他们来说，好消息是这个世界不会变得更糟糕了；而坏消息是，之所以如此是因为这个世界已经糟糕得不能再糟糕了。掌握历史进程的是人性，而人性已经让人绝望到触目惊心的地步了，并且也绝无改变的可能。而最荒唐的事情——确实也是最残酷的事情——就是有人偏偏还要在人们面前追逐人类本身根本没有能力实现的理想。激进主义者最终只能落得一个被人厌恶的下场，因为他们怂恿世人追求更高尚的生活，结果却是将他们推入了罪恶与绝望的深渊。

从现实出发开始政治转型或许不是最好的处方，因为现实往往是变革的阻碍而不是变革的机会。就像谚语中的那个带有偏见而愚蠢的爱尔兰人，当有人向他询问去火车站怎么走的时候，他的回答是："呃，要是我就绝对不会从这儿走。"其实，这句话并不像有些人想象的那么缺乏逻辑性，尽管爱尔兰人说起话来确实常常缺乏逻辑。这句话的真实意思是："如果你不从这个偏僻的鬼地方出发的话，你会更快更直接地到达那里。"今天的社会主义者也许会赞同这种说法。我们不妨想象一下：布尔什维克革命胜利后，俄国就要在外敌围困、孤立无援且贫穷落后的环境中开始

1　塞缪尔·约翰逊（Samuel Johnson，1709—1784年），英国历史上最著名的文人之一，集文学评论家、诗人、散文家、传记家于一身，曾一人编纂《英语词典》。——译者注

2　本杰明·迪斯雷利（Benjamin Disraeli，1804—1881年），犹太裔英国政治家，英国保守党领袖，曾任英国首相。——译者注

建设社会主义，谚语中的这个爱尔兰人来到了这个国家，经过一番考察之后他说："呃，要是我就绝对不会从这儿走。"

但是，当时的俄国当然没有其他的出发点可供选择。一个完全不同的未来必须是这一特殊现实的未来。而大多数的现实都是由过去构成的。我们从历史上仅仅继承了为数不多的且不足以胜任的几件塑造未来的工具，而这些工具不仅都是痛苦和剥削的遗赠，而且也都是历经痛苦和剥削才遗传下来的。马克思在《哥达纲领批判》中描写了新社会是如何被打上旧秩序的胎记并从旧秩序的子宫中孕育而出的。因此，并不存在一个"纯洁"的出发点。如果相信这样一个出发点的存在，那就是所谓极左主义的幻想（也就是列宁所说的"幼稚病"），极左主义在其革命激情中拒绝接受现在的任何妥协工具：社会改革、工会、政党、议会民主，等等。因此，他们最终的结局虽然清白无瑕却又一事无成。

未来并不是可以随便附加到现在之后的，就像青少年不是简单地附加在童年之后一样。未来总得让人多少能够看得见。这并不是说这种可能的未来一定会出现，就像未必所有的孩子都能长成为青少年一样，总有些孩子会因为患上白血病而过早夭折。而是说，我们应该认识到：对任何一个特殊的现在而言，原来可能的未来不一定会出现。未来是开放式的，但又并非完全开放；并不是所有原来看似可能的未来都会实现。我十分钟之后在哪儿，除了其他因素之外很大程度上取决于我现在在哪儿。把未来视为蕴藏于现实之中的一种潜能，并不等同于将鸡蛋视为一只潜在的小鸡。一个鸡蛋如果不被压碎或者煮熟的话，它就会按照自然规律孵化成一只小鸡；但是，大自然并不能保证社会主义一定会紧随资本主义到来。现实中蕴藏着许多不同的未来的可能性，其中的一些远远没有另外一些那么有吸引力。

这样看待未来有诸多好处，其中之一就是避免人们看到虚假的未来镜像。比如，它反对那种踌躇满志的"进化主义"观点，即认为未来仅仅是更大程度上的现在，是显而易见的现在。大体上讲，这正是我们的统治者乐于看到的未来观——未来肯定比现在好，它是现在的美好延续，令人不快的意外情况将被控制在最小的限度之内；没有创伤也没有灾难，有的只是对我们已有一切的不断改进。这种观点最近才刚刚被称为"历史的终结"，直到激进的伊斯兰主义者不合时宜地再次用暴力开启了历史的大门。你不妨把这种观点称为历史的"金鱼理论"，因为它梦想过一种安全而单调的生活，就像鱼缸中的金鱼的生活那样。它通过创造一种极度无聊的生活，获得免受剧烈社会动荡伤害的自由。因此，它看不到这样一个事实：虽然未来可能比现在要糟糕得多，但是至少它会与现在大不相同。几年前金融市场之所以会崩溃，就是因为它们依赖的发展模式认定未来一定会跟现在大同小异。

相比之下，社会主义从某种意义上代表着与现在的决裂。历史必须被打破重写——这并不是因为社会主义者都是喜爱革命胜过改革的嗜血野兽，对温和的意见充耳不闻，而是因为沉疴深重，必须下猛药予以根治。我这里称其为"历史"，马克思实际上并不认为历史上发生过的所有事情都可以称为历史。在他看来，我们目前已知的一切都是"史前史"，也就是说都是人类压迫和剥削的一个接一个的变体。唯有真正具有历史意义的行动才能跟这种可怕的叙事决裂，然后进入真正意义的历史（history proper）。作为社会主义者，你必须时刻准备着详细阐明如何才能实现这一目标以及实现这一目标依靠什么样的制度。但是，如果新的社会秩序要真正具有变革能力的话，那么你现在对这个制度的了解就会极为有限。毕竟，我们只能用过去或现在的术语去描述未来；而一个与现在彻底决裂的未来将使我们找不到合适的语言来表达。就像马克思本人在《路易·波拿巴的雾月十八日》中评价的："（在社会主义的未来中）内容超越了形式。"雷蒙德·威廉斯在《文化与社会 1780 — 1950》中也表达了基本相同的观点："我们必须依照共同决议规划那些可以规划的事务。但是，当文化提醒我们它从本质上讲是不可规划的时候，强调文化这一观念才是正确的。我们必须保证人们拥有谋生的手段和开展共同体生活的手段。但是，有了这些手段人们究竟会过上什么样的生活，我们却不得而知。"[1]

我们也可以换一种方式来阐述这个观点。如果迄今为止所发生的一切都属于"史前史"，那么它要比马克思所说的"真正意义的历史"要容易预测得多。如果我们把过去的历史从某一点上将其截断，然后去审视它的横切面，其实在未看之前我们就已经知道我们会看到些什么了。比如说，我们会看到在这个阶段上绝大多数男人和女人的生活都是为统治精英辛苦劳作，而他们自己却一无所获；我们会发现，无论采取什么形态的政治国家都时刻准备着用武力维持精英统治的现状；我们会看到，这一时期相当数量的神话、文化和思想都在为此一现状的合法性进行着辩护；我们或许还能看到，那些被剥削的人们正以某种方式反抗着社会的不公。

然而，一旦这些束缚人类繁荣进步的枷锁被破除之后，预言未来就变得更加困难。因为这时的男人和女人已经获得了更多的

1　雷蒙德·威廉斯：《文化与社会 1780 — 1950》(*Culture and Society 1780—1950*)（哈蒙兹沃思，1985年），第 320 页。

自由，可以按照自己的愿望、在对彼此负责任的限度之内行事。如果他们能够把更多的时间花到我们现在所说的"休闲活动"而不是辛苦劳作之上，那么他们的行为将变得更加难以预料。我之所以称其为"我们现在所说的'休闲活动'"，是因为当我们真的用资本主义积累起来的财富将一大批人从工作中解放出来之后，我们也无须再把他们从事的活动称为什么"休闲活动"了。因为"休闲"的概念是针对其对立面"劳作"而存在的，就好像没有"和平"的概念也就没有"战争"的概念一样。我们还要记住，所谓"休闲活动"可能比挖煤那样的劳动更加费力和艰苦。马克思特别指出了这一点。所以，一些左翼人士听到这句话或许要失望了：不必劳动并不一定意味着四处闲逛和吸食毒品。

让我们拿监狱里的囚犯行为作一个类比。由于囚犯的活动都是受到严格管制的，所以要说出他们一天到晚都干了些什么就比较容易。比如说，监狱看守可以相当确定地告诉你囚犯们周三早上 5 点会在什么地方，如果他们连这一点都无法预测，恐怕就得到州长面前接受训斥了。然而，当囚犯获释回归社会之后，要监控他们的行踪就困难多了，除非通过电子标签追踪。我们可以说他们已经从被监禁的"史前史"进入了"真正意义的历史"，也就是说他们现在可以自由决定自己的存在，而不需要由外力替他们决定了。在马克思看来，社会主义就是我们集体自由决定自己命运的起点。这才是真正严肃意义上的民主，而不是（在很大程度上的）政治字谜游戏。一旦人们的生活变得更加自由，要想预测他们周三早上 5 点会干什么就更加困难了。

一个真正不一样的未来，应该既不是现在的单纯延续，也不是同现在的彻底决裂。如果未来与现在彻底决裂，我们又怎么可能认得出它是未来呢？然而，如果我们可以轻而易举地用现在的语言去描述未来，那么未来与现在又有什么真正的不同呢？马克思的解放概念既反对平稳的延续也反对彻底的割裂。从这个意义上讲，他就是世间最为稀有的生物，既是一位空想家，又是一位头脑非常清醒的现实主义者。他将注意力从幻想未来转移到枯燥的现实工作之上。但恰恰是在那里，他找到了可以实现的、真正丰富多彩的未来。他对过去的看法比很多思想家都更为阴郁，但是他对未来又比他们大多数人都更加充满希望。

现实主义与幻想在这一点上手拉手走到了一起：实事求是地看待现在，就是用可能发生转型的眼光看待现在。否则你就无法正确地看待现在，就好像如果你意识不到婴儿是一个潜在的成人，你就没有真正理解何为婴儿。资本主义带来了非凡的力量和可能性，而这些同时又成为其发展的障碍。这也正是马克思何以不是进步的狂热支持者却能给人希望，不是一个玩世不恭之人或失败主义者却能保持严酷的现实主义精神原因之所在。只是眼睁睁地盯着最糟糕情况的发生，而不去采取行动加以克服，才恰恰是悲剧性的幻想。我们已经看到，马克思在一定程度上是一个悲剧性的思想家，但是这决不意味着他是一个悲观之人。

一方面，马克思主义者都是头脑冷静之人，他们不仅对高尚的道德主义抱有怀疑，而且对理想主义也十分警惕。由于他们具有天生怀疑一切的倾向，所以总喜欢寻找潜藏在华丽政治辞藻背后的物质利益；他们对那些躲藏在虔诚的言论和多愁善感的幻想伪装之下的无聊而常常又卑鄙下流的势力时刻保持着警惕。不过，他们这么做的原因是为了把世间的男人和女人从这些势力手中解放出来，并且坚信他们能够建立一个更加美好的世界。因此，他们将自己的冷静同对人性的信任结合在一起。唯物主义太讲求务实，所以很难被花言巧语所迷惑，同时又给人以太多的希望，以至于可能变得玩世不恭起来。在人性历史上，这样一种结合显然并不是最糟糕的。

这让人想起了 1968 年巴黎学生打出的那句惹眼的口号："现实一点：为不可为之事！"这个口号虽然有些夸张，但是却相当准确。让现行制度修复它治下的那个社会，显然是它力所不及的事情，所以从这个意义上讲是不可为的。但是从现实出发，我们又相信这个世界原则上是可以大大改善的。那些认为不可能实施重大社会变革的人才是彻头彻尾的幻想家；那些认为只能零敲碎打地改变社会的人才是在做白日梦。这种顽固的实用主义不过是一种错觉，就好像你相信自己就是玛丽·安托瓦内特[1]一样。这种人往往会在历史大变革中栽跟斗。例如，一些封建主义的理论家就曾经顽固地认为，像资本主义那样"不符合自然规律"的经济制度是不可能实现的。还有一些人秉持一种可悲而又自欺欺人的观点，幻想着假以时日和付出更大的努力，资本主义就能把富足带给全人类。在他们看来，资本主义之所以至今都未能做到这一点，只是一个令人遗憾的意外。他们没有看到这样的一个事实：不平等是资本主义的天性，正如自恋和自大是好莱坞的天性一样。

马克思从现实中洞察到一种致命的利益冲突。对此，一个乌托邦式的思想家可能会劝导我们以爱和友谊之名容忍这种冲突，而马克思本人提出的解决方案截然不同。诚然，马克思也相信爱

1　玛丽·安托瓦内特（Marie Antoinette，1755 — 1793 年），奥地利帝国公主，法国国王路易十六的王后，1792 年巴黎人民起义后被处死。——译者注

和友谊，但是他认为虚假的和谐并不能赢得爱和友谊。那些被剥削和流离失所之人是不会放弃他们的利益的，不论奴役他们的主子们如何希望他们放弃，他们都将抗争到底。只有到那时，一个超越私利的社会或许才会最后出现。如果无私就意味着以某种错误的"自我牺牲"精神去接受奴役，那么自私就没有哪怕一丝一毫的错误。

批评马克思的人可能会认为强调阶级利益让人厌恶。但是，他们不能同时又批评马克思对人性抱有过于美好的幻想。只有从这个等待救赎的现实出发，屈从于其堕落的逻辑，你才有望熬过并超越现实。这也符合传统的悲剧精神。只有接受矛盾是阶级社会的自然属性，而不是抱着与世无争的心态否认矛盾的存在，才能开启由矛盾掌控的人类财富的大门。令人惊奇的是，马克思正是在现实逻辑失灵、步入自相矛盾的死胡同的情况下，找到了一个理想化未来的轮廓。未来的真实景象就是现实的破产。

许多马克思主义的批评者都认为，马克思主义对人性的看法过于理想化。说它愚蠢地梦想出了一个人与人之间有着同志一般合作关系的未来，对抗、嫉妒、不平等、暴力、侵略和竞争都将从这个星球上彻底消除。事实上，在马克思的著作中几乎找不到一个字眼可以支持这种荒唐的说法。但是，很多马克思的批评者却不愿就此罢手，他们坚信马克思期待的所谓"共产主义"的人类道德状态，恐怕连大天使长加百列[1]也难以达到。马克思在作

1　大天使长加百列（Archangel Gabriel），基督教传达天主信息的天使。首次出现在希伯来"圣经"《但以理书》中，其名字的意思是"天主的人""天神的英雄"或者"将上帝之秘密启示的人"，被认为是上帝的左手。——译者注

出这一预见的时候，显然有意无意地忽略了有缺陷的、扭曲的和永不满足的被称为人性的事态。

一些马克思主义者对这一指责进行了反驳，他们声称如果马克思忽略了人性，那是因为他根本不相信人性。这种观点认为，所谓"人性"的观念不过是让我们保持政治上的坚定性的一种方式。它想说的是：人类是软弱、腐败和自私自利的生物；在历史长河中人性的这些特质是不会改变的；任何试图实现重大社会变革的努力都将因人性而失败。"你不能改变人性"已经成为一些人反对革命政治最常用的理由之一。与此相反，一些马克思主义者坚持认为人类并没有什么不变的核心。在他们看来，塑造了我们之所是的是我们的历史，而不是我们的天性。那么，既然历史是不断变化的，我们就一定能够通过改变历史条件而改变我们自己。

马克思并不完全同意这种"历史主义"的论调。证据就是，他的确相信人性，而且——正如诺曼·杰拉斯[1]在他那本出色的小书中所指出的——他这样做也是完全正确的。[2]

马克思并不认为相信人性就践踏了个体的重要性。恰恰相反，他认为我们共同的人性具有一种自相矛盾的特点，即每一个个体都是独一无二的。在他早期的著作中，马克思谈到过他称之为"人类"的"类存在物"，那是对人性的真正唯物主义的解释。我们的物质机体的特性，使我们成为有需求、要劳动、好社

1　诺曼·杰拉斯（Norman Geras），英国曼彻斯特大学教授。——译者注

2　诺曼·杰拉斯：《马克思与人性：对一个传奇的辩驳》（*Marx and Human Nature: Refutation of a Legend*）（伦敦，1983 年）。

交、有性欲、渴望沟通和自我表达的动物；我们彼此依靠才得以生存，但是我们又发现在伙伴关系中获得的满足感却比伙伴关系的社会效用更加重要。请允许我在此引用一段我以前的评论："如果另外一种生物原则上能够与我们对话，与我们一起从事物质生产劳动，与我们进行性生活，创造出某种看似艺术的毫无意义的东西，会遭受痛苦，会讲笑话，并且也会死，那我们就可以从这些生物学事实中演绎出很多道德甚至政治后果。"[1] 这种在学术上被称作哲学人类学的观点，现在早已过时了，但这正是马克思在其早期作品中提出的观点，而且也没有充足的理由证明他后来放弃了这样的观点。

因为我们是会劳动、有欲望、会说话的生物，所以我们有能力在那个我们称作"历史"的进程中改变我们的境况。而在这一进程中，我们也同时改变了我们自己。换句话说，变革与人性并不矛盾；变革之所以可能，是因为我们是一种创造性的、开放的、未完成的生物。至少我们现在这么认为，白蚁就不具备人类的这些特性。白蚁的物质机体特性决定了它们没有历史；它们也没有政治，除非它们太过狡猾，将其深深隐藏起来了。就算它们没准儿真能做得比我们现在的领导人更好，我们也没有任何理由担心它们有一天会统治我们人类。据我们所知，它们不可能是社会民主主义者，也不可能是极端民族主义者。然而，人从本性上来讲都是政治动物——这不仅仅是因为他们彼此共同居住在社区里，还因为他们需要某种制度来管理他们的物质生活。他们同样

1　特里·伊格尔顿（Terry Eagleton）：《后现代主义的幻象》（*The Illusions of Postmodernism*）（牛津，1996年），第47页。

需要某种机制来管理他们的性生活。这其中的原因之一，就在于性行为可能会扰乱他们的社会秩序。例如，欲望本身是无关乎社会区隔的，但这也正是人类需要政治的原因之一。到目前为止，人类创造物质存在的方式始终离不开剥削和不平等，因此就需要一种政治制度来遏制由此带来的冲突。我们也期望人类动物拥有各式各样的象征性的方式来表现这一切，无论我们把它叫作艺术、神话还是意识形态都无不可。

在马克思看来，人类的物质天性赋予了我们某些力量和能力。只有当我们能够自由意识到这些力量就是目的本身，而不是用来达到任何纯粹的功利性目的之时，才是最符合人性的。虽然这些力量和能力都具有历史的特殊性，但是它们都植根于我们的身体之中，而且其中的一些力量和能力在一种人类文化与另一种人类文化之间并没有多少变化。文化不同且彼此语言不通的两个人，依然能够在实际工作中轻松地合作共事。这是因为他们拥有的相同的物理肉体能够产生出特有的一套假设、预期与理解体系。[1] 人类的所有文化都包含悲伤和欢乐、劳动和性爱、友谊和敌意、压迫和不公、疾病和死亡、血缘和艺术。不错，不同文化对这些事物的理解有时会带有完全不同的文化烙印。在印度的马德拉斯[2]和英国的曼彻斯特，死亡的含义就不同。但是，无论如何我们都会死。马克思曾在《1844 年经济学哲学手稿》中写道："人作为对象性的、感性的存在物，是一个受动的存在物；因为

---

[1]　参见莱恩·道伊尔和罗杰·哈里斯（Len Doyal and Roger Harris）：《人类理智的实践基础》（The Practical Foundations of Human Understanding），载《新左派评论》，第 139 期（1983 年 5 月/6 月）。

[2]　马德拉斯（英语：Madras），现称金奈（泰米尔语：Chennai），印度第四大城市，泰米尔纳德邦首府。——译者注

它感到自己是受动的，所以是一个有激情的存在物。"马克思认为，死亡是物种针对个体的残酷胜利。他在《资本论》中写道：世间男女如果因为沉重的劳动、事故或者伤病而过早地死亡，缩短他们本应享有的寿命，这（对于资本主义来说）是至关重要的。共产主义虽然可能终结繁重的劳动，但是我们很难相信马克思设想的那个社会制度里会没有事故和伤病，更不用说没有死亡了。

如果我们没有分享如此多的共同人性，那么社会主义所设想的全球合作将会一事无成。马克思在《资本论》第一卷中谈到了"人的一般本性，然后……在每个时代历史地发生了变化的人的本性"。人性在跨越历史长河的过程中基本没有改变——后现代主义对这个事实不是予以否认就是不屑一顾。之所以如此，部分原因是它对自然和生物学秉持一种非理性偏见；部分原因是它认为所有对自然的讨论都是拒斥变革的一种方式[1]；还有部分原因是它倾向于相信所有变化都是积极的，而所有的不变都是消极的。而在最后一点上，后现代主义同世界各地资本主义的"现代主义者"可谓一拍即合。事实是，有些变化是灾难性的，而有些不变却是值得强烈追求的——知识分子对这一陈腐事实往往嗤之以鼻。例如，如果明天法国所有的葡萄园都被付之一炬的话，这对于我们来说将是一种耻辱；而如果一个没有性别歧视的社会只存在了三周的话，那同样是一件令人惋惜的事。

社会主义者常常谈论压迫、不公和剥削。但是，如果人性除了这些便再无他物，我们也就无从辨识这些问题的本质。相反，它们将成为同我们的自然条件一样的东西，我们甚至都不会

1　有关对此论点的反对意见，参见特里·伊格尔顿：《后现代主义的幻象》（牛津，1996 年）。

给它们起专门的名字。如果你把一种关系视为剥削关系，你必须首先了解非剥削关系是什么样子。了解非剥削关系并不需要诉诸人性的概念，只需要诉诸历史因素即可。但是在这个问题上，我们也完全有理由说人性中的某些特征已经扮演了某种规范角色。例如，人类都是"早产儿"的说法。人们在出生之后的很长一段时间内，仍然不能自己照料自己，而需要经过一个长时段的养育期。（一些精神分析学家认为，正是这段不同寻常的长期照料经历，给我们人生后来的心理造成了严重摧残。如果婴儿一生下来就能站立行走，那么诸多成年人的梦魇将得以避免，这并不仅仅指的是因孩子半夜哭闹而让成年人无法成眠。）即便他们接受的照料极为糟糕，婴儿们还是很快就学到了照顾他人意味着什么。这就是为什么他们可能在后来的人生中有能力判定一种整体生活形态对人类需要表现得冷漠无情的原因之一。从这个意义上讲，我们可以撇开早产而谈论政治了。

那些对于我们的生存和幸福来说必不可少的需要，比如，吃饱、穿暖、遮风避雨、享受他人的陪伴、不受奴役或虐待，等等，可以作为政治批判的基础，因为很显然任何不能满足这些人类要求的社会都是不完备的。当然，我们可以从更为区域或者更加文化的角度反对这样的社会。但是，只有指出它们侵犯了人类本性中最为根本的一些需求，这样的反对才更加有说服力。因此，那种认为人性观点只是对现状的一种辩护的说法是错误的，因为它同样可以对现状构成强有力的挑战。

马克思在包括《1844年经济学哲学手稿》在内的早期著作中，秉持一种如今已经过时的观点：我们之为物质动物的方式，可以给我们提供许多关于应该如何生活的重要启示。其中一点就是，你可以从人体中得到很多关于伦理或者政治问题的答案。如果人类是一种自我实现的动物，那么他们必须有满足自身需要和展示自身力量的自由。但是，如果他们同时也是与其他自我表现的生物生活在一起的社会动物，那么他们就需要防止在这些力量中间发生无休止的、具有巨大破坏力的冲突。事实上，这正是自由社会最棘手的问题之一：每一个个体都应该是自由的，但除此之外却避免不了彼此无休止的争吵。这还不是唯一的问题。相比之下，共产主义把社会生活组织起来，让个人在他人的自我实现之中并且通过他人的自我实现而实现自我。正如马克思在《共产党宣言》中所说："每个人的自由发展是一切人的自由发展的条件。"从这个意义上讲，社会主义并非简单地排斥热衷个人主义的自由社会。相反，社会主义将在自由社会的基础上进行建设和完善。为此，它将展现解决自由主义某些固有矛盾的方法，在自由主义中你的自由之所以繁荣是以牺牲我的自由为代价的。只有经由他人的自由才能最终实现我们的自由。这就意味着个人自由的极大丰富，而不是削弱。没有任何道德准则能比这更高尚了。在个人的层面上，这就是爱。

我们要特别强调马克思对于个体的关注，因为这与一些人通常对其思想的扭曲理解是完全不同的。那些观点认为，马克思主义就是集体肆意践踏个人生活的理论。实际上，这与马克思的真正思想相去十万八千里。可以说，马克思的全部政治目的就是要实现所有个体的自由繁荣，只要我们记住这些个体必须找到某种使所有人的自由共同繁荣的方法。马克思在《神圣家族》中写道，坚持一个人的个体性是"（一个人）存在的重要体现"。可以说，这个观点贯穿于马克思伦理学的始终。

我们有理由怀疑，个体与社会之间永远不可能实现彻底的和解。使这两者实现有机统一的想法，不过是不着边际的幻想。在我的个人实现与你的个人实现之间，或者在我作为一个公民该做的事情与我真正想做的事情之间，永远都存有冲突。与马克思主义不同的是，有人认为如此严重的矛盾正是悲剧的实质所在，只有坟墓才能使我们摆脱这种困境。马克思在《共产党宣言》中描述的那种一切人的自由的自我发展，是永远不可能完全实现的。它就像其他所有的美好理想一样，只是我们奋斗的目标，而不是我们真正能够实现的状态。理想是指引方向的路标而不是看得见摸得着的实体；它们指引着我们前进的道路。那些嘲笑社会主义理想的人应该记住，自由市场的理想也同样是永远不可能完全实现的。但是，这并不能阻止自由市场的拥护者为之奋斗。事实上，虽然世界上并没有完美无瑕的民主，但是我们大多数人也并没有因此而倒向暴政。我们拯救饥民的时候，虽然明明知道有些人在我们把粮食送去之前就会饿死，但是我们仍然不会放弃拯救他们的努力。一些断言社会主义不切实际的人非常自信地宣称他们可以消除贫困、解决气候变暖危机、在阿富汗实现自由民主、通过联合国决议解决世界冲突，好像所有这些艰巨的任务都是可以轻松完成的，唯独社会主义因为某种神秘莫测的原因而不可能实现。

然而，如果你不要求所有人在任何时候都做到道德上的完美无缺，那么实现马克思提出的目标就会容易多了。社会主义并不是一个要求每个公民都具有高尚道德的社会；它并不意味着我们必须始终在某种患难与共的狂欢中彼此缠绕在一起。这是因为用来达成马克思目标的机制，事实上是可以成为社会制度的一部分的，而社会制度压根儿就不是建立在个体善意的基础之上的。以自治合作社的概念为例，马克思似乎认为它是社会主义未来中的关键生产单元。一个人在对这个生产单元作出贡献的同时，也将获得某种个人的满足感；但是，这一贡献也同时促进了其他人的幸福生活，而这一切都是凭借自治合作社的方式才得以实现的。我既不需要考虑如何宽容地对待我的同事，也不需要每隔两小时就用利他主义的狂热鞭策自己。我的自我实现帮助了他们的自我实现，这都是因为这个生产单元具有相互合作、利益共享、人人平等和共同治理的特性。这是一种结构事务而不是个人的美德问题。它并需要考狄利娅[1]那样的人。

为了达到某些社会主义的目的，即便我是西方世界最卑鄙的蛀虫也没有关系。同样地，如果我是受雇于一家私人制药厂的生物化学家，我把我的工作视为对科学发展和人类进步的巨大贡献，那么我为资本家工作也没有关系。实际上，我这份工作的主要问题在于我给那些贪得无厌的欺世盗名之徒创造了利润，这些家伙给自己蹒跚学步的孩子吃一片阿司匹林都恨不得收上十美元。我内心怎么感觉，其实同这个问题毫不相关。我工作的意义是由制度决定的。

任何社会主义制度中可能都会存在各种各样的投机分子、马屁精、恶霸、骗子、流浪汉、乞丐、白吃白喝的、搭便车的，甚至偶尔还有精神病患者。马克思的著作中从来没有说过这种情况在社会主义社会中就不会发生。此外，如果共产主义意味着每个人都能最大限度地参与社会生活，那么有人就会想：随着越来越多的人加入其中，那里的冲突肯定只会更多而不是更少。所以，

1　考狄利娅（Cordelias），莎士比亚悲剧《李尔王》中的女主人公，出场不多的她却有着丰富的内涵和意义，是作者人文理想与现实冲突的产物。——译者注

共产主义并不能消除冲突，只有历史的终结才可以。嫉妒、侵略、控制、占有和竞争仍将存在。只不过它们的形态已经与它们在资本主义制度下的形态有所不同——这并不是因为共产主义具有更高尚的人类美德，只是因为制度不同罢了。

这些罪恶将不再以剥削童工、暴力殖民、极度的社会不平等和激烈的经济竞争的形式出现，而是将呈现出完全不同的形态。部落社会里也有暴力、对抗和权力欲望，但是这些问题不可能表现为帝国战争、自由市场竞争或者大规模失业，因为努尔人和丁卡人的时代还没有这样的制度。[1] 有人的地方就会有恶棍，但是这些道德流氓中也只有一部分人有能力窃取私人养老基金或者在媒体上大肆散布虚假的政治宣传。大多数恶棍都没有这样的能力，他们只能满足于对他人的肉体折磨。在社会主义社会里，没有任何人有这样作恶的可能。这并不是因为社会主义社会的人都心地圣洁，而是因为社会主义社会根本不存在私人养老基金和私有媒体。莎士比亚笔下的恶霸不可能通过向巴勒斯坦难民发射导弹的方式作恶，他们只能寻找其他发泄邪恶的方式。如果根本没有工业，你也不可能成为恃强凌弱的工业巨头。你只能欺凌奴隶、下属或者新石器时代的同伴。

民主的实践也是如此。不错，这个世界上始终都有恫吓他人的利己主义者，也有凭借贿赂或者巧言令色登上权力宝座的人。但是，民主是在制度内建立的一套机制，其作用就是保证这样的行为不会发生。一人一票、议长、修正案、问责制、正当程序、

---

1   努尔人（Nuer）是生活在苏丹东部草原的一个以养牛为生的黑人部族；丁卡人 (Dinka) 是南苏丹白尼罗河流域的一个黑人部族。——译者注

主权在民等各种机制，你竭尽所能确保恶棍不会得逞。这些人时不时总能得手，甚至可能买通整个体制的各个环节。但是，只要建立起了这样一套程序，就意味着大多数时候他们不得不屈从于民主的共识。这样，所谓美德就被写入了"议程"之中，而不是寄希望于五花八门的人性之中。要结束战争，你无须从肉体上剥夺人们诉诸暴力的能力，你只需要使用谈判、裁军、和约、监控以及其他类似手段就可以达到同样的目的。这样做可能会十分困难，但是比起将整个人类培养成一听到"侵略"二字就呕吐、昏厥的做法，还是简单得多。

所以，马克思主义并没有承诺人性是完美的，甚至没有承诺要废除艰苦的劳动。马克思似乎相信，即便在物质极大丰富的情况下，一定数量的艰苦劳动仍然是必要的。亚当的诅咒在富足的社会中依旧不会消失。[1] 马克思真正做出过的承诺，是要解决那些目前阻碍人类进入"真正意义的历史"的矛盾，实现自由和丰富多彩的生活。

不过马克思主义的目的并不仅限于物质方面。在马克思看来，共产主义意味着稀缺的消除以及大多数压迫性劳动的终结。但是，共产主义带给男人和女人的自由和闲暇又可以为人们追求更加多姿多彩的精神繁荣创造条件。不错，正如我们看到的那样，精神的发展与物质的发展并非总是携手并行的。基斯·理查兹[2] 就是一个活生生的例子。很多类型的物质富足意味着精神的

1　《圣经》记载，亚当和夏娃偷食智慧果之后，被上帝逐出伊甸园。上帝诅咒亚当每天必须累得满头大汗才能活下去，诅咒夏娃必受分娩之苦。——译者注

2　基斯·理查兹（Keith Richards），1943年生，英国音乐家、作曲家，滚石乐队创始人、主音吉他手。迷恋酒精和毒品，私生活糜烂放荡。——译者注

衰亡。但同样真实的是，如果你食不果腹、遭受压迫或因无穷无尽的苦役生活导致道德发育不良，那么你就根本没有成为你想成为的那种人的自由。唯物主义者并不否定精神，只是提醒我们精神满足需要一定的物质条件。虽然物质基础未必能实现精神满足，但没有物质基础精神满足就无从谈起。

在稀缺条件之下——且不论造成稀缺的是自然原因还是人为因素——人类不可能展现出它最好的一面。稀缺会滋生暴力、恐惧、贪婪、焦虑、占有欲、控制欲和致命的敌对情绪。有人可能会因此认为，如果人们能在物质丰富的条件下生活，免受那些压力的困扰，那么他们就会倾向于成为道德更高尚的人。我们无法确定这一点，因为我们至今还从来没有经历过这样的条件。当马克思在《共产党宣言》中写下人类的历史就是阶级斗争的历史的时候，脑子里同样无法确定这一点。而且，即便在物质极大丰富的情况下，也还会有很多事物让我们感受到侵略性，产生紧张感和占有欲。我们不会蜕变为天使。但是导致我们道德缺陷的一些根源是可以消除的。在这个意义上，我们确实也有理由说：共产主义社会总的来讲可以创造出比现在的我们更好的人类来。但是，人类仍然会犯错误，冲突总会发生，有时还会相当野蛮和恶毒。

那些怀疑这种道德进步可能性的玩世不恭之人，应该想一想烧死女巫与要求男女同工同酬之间的区别。这并不是说我们与中世纪相比已经变得更加雅致、善解人意或者人道。就目前状况而言，我们也可以看一看弓箭和巡航导弹之间有什么不同。问题的关键在于，不是说历史作为一个整体在道德层面上进步了，而只是说我们在很多方面都取得了重大进步。我们应该清醒地、实事求是地承认这一点，也应该承认我们在某些方面比罗宾汉时代退步了。没有什么有关进步的宏大叙事，就像也不存在什么有关衰落的童话故事一样。

任何一个见过小孩叫喊着"这是我的！"然后从兄弟姐妹手里抢过来玩具的人，自然懂得对抗和占有欲在人们思想中扎下的根有多深。我们这里说的都是根深蒂固的文化、心理甚至还有进化习性，这些习性是不会因为单纯的制度变革而自行改变的。但是，社会变革也并不是依靠所有人在一夜之间洗心革面来实现的。就拿北爱尔兰来说，当已经敌对了几个世纪的天主教徒和新教徒终于捐弃前嫌、相互拥抱示好之后，和平依然没有到来，并且反而渐行渐远。他们中的很多人会在可以预见的未来中继续相互敌视。宗派意识的改变就像地质变化那样缓慢。但是从某种意义上讲，这并不那么重要。重要的是在公众已经厌倦了持续三十年的暴力的背景之下，确保达成一项计划缜密且能够巧妙推进的政治协议。

然而，这仅仅是问题的一个方面。事实是，从长远看，制度的改变确实会对人们的态度产生深刻的影响。历史上推行的几乎每一次开明的刑罚改革，在当时无不遭遇人们的强烈抵制，但是如今我们已经对这些改变司空见惯，以至于用车轮碾死凶杀犯的做法会让我们感到厌恶。这样的改革已经融入我们的心理之中。真正改变我们世界观的与其说是理念，不如说是蕴藏在日常社会实践之中的那些信念。如果我们改变那种社会实践——操作起来可能会相当困难，很可能最终会改变我们看待事物的方式。

我们大多数人都不会为不能在拥挤的大街上排便而感到痛苦，因为这样的行为不仅法律不允许，也为社会观念所不容，不在公共场合排便已经成我们的第二天性。这并非是说，我们之中没有人这么干，在酒吧刚刚关门后的城市中心这种事就很常见。如果在大庭广众之下排便被视为高雅之举，我们恐怕都会这么做。在英国人的心中，车辆靠左行驶的法律禁令未必就会与一种靠右行驶的强烈欲望进行博弈。制度塑造了我们内心的体验，它们是再教育的工具。我们与人初次见面时都会同他握手，一方面是因为这是一种惯常做法；另一方面也正是因为它是一种惯常做法，我们才有了这样去做的冲动。

习惯的改变需要漫长的时间。资本主义花了几个世纪的时间才去除了它从封建社会那里继承来的感觉模式，而今天一位站在白金汉宫外的游客却很可能觉得一些重要的东西已经被忽视和丢掉了。我们希望能够在不太长的时间内建立起这样一种社会秩序：生活在其中的小学生们在学习历史的时候会难以置信地发现，很久很久以前竟然发生过"朱门酒肉臭，路有冻死骨"的悲惨一幕。他们会对此感到荒唐和不可接受，就像我们现在对因为所谓异端邪说而把人开膛破肚的做法感到荒唐和不可接受一样。

提起小学生就不能不提到一个重要的观点。今天的孩子许多都是积极的环境保护主义者。他们将棒杀海豹或者污染大气视为恐怖和令人厌恶的行为。一些孩子甚至会因为有人随手乱扔了一片垃圾而感到震惊。这在很大程度上就是教育的结果——这种教育不仅仅是正规教育，也包括新的思维和感知形式对于旧的感知习惯尚未在其身上确立的一代人产生的影响。没有人会认为这样就能拯救地球。实际上仍然有些孩子会兴高采烈地打死一只獾。即便如此，这仍然足以证明教育能够改变人的态度并且可以培育出新的行为方式。

因此，政治教育的必要性也就不言而喻了。在 20 世纪 70 年代初期英国召开的一次大会上，曾经发生过一场关于人类是否具有某些普遍特征的讨论。一个男人站起来说道："嗯，我们都有睾丸。"听众中一位女士抗议道："不对，我们就没有！"那时，英国的女权主义还处于发展的早期，所以那位女士的话也被在场的许多男人斥为不可理喻，甚至连在场的一些女士也感到难为情。但是仅仅几年之后，如果一个男人还在公开场合发表这样愚蠢言论的话，他恐怕很快就会成为唯一一个丧失了自己"人类普遍特征"的例外了。

在中世纪和早期现代欧洲，贪婪被认为是最可耻的罪恶。从那时到华尔街公然打出"贪婪好！"的口号，经历了一个深入的再教育过程。但是，对人们进行再教育的首先并非学校的老师或者宣传家，而是我们生活的物质形式的改变。亚里士多德认为奴隶制是符合天性的，虽然也有其他一些古代思想家反对他的观点。但是，亚里士多德也同时认为，以营利为目的的经济生产是违反人性的，而唐纳德·特朗普[1] 显然不这样看。(亚里士多德之所以这样看乃是出于一个有趣的原因。他认为后来被马克思称之为交换价值的东西——一种商品能够同另一种商品进行交换、再交换以至往复无穷的交换方式——具有一种"永无止境"的特性，这与人类的有限生物天性是不相符的。) 有些中世纪的意识形态拥护者认为追逐利润是违反人性的，因为在他们看来人性就是封建性。那些靠打猎采集为生的原始人类很可能对在他们自己的社会秩序之外产生任何其他社会秩序的可能性抱有同样的怀疑观点。美联储前主席艾伦·格

1　唐纳德·特朗普（Donald Trump），1946 年生，美国知名房地产商之一，人称"地产之王"，美国全国广播公司（NBC）《飞黄腾达》（The Apprentice）主持人。2016 年作为共和党候选人当选美国总统。——译者注

林斯潘 [1] 在他的职业生涯中一直坚信，所谓的自由市场是深深植根于人性之中的，这种说法简直同声称"追捧克里夫·理查德 [2] 是深深植根于人性之中的"一样荒唐可笑。事实上，自由市场是近代历史的产物，并且在很长一段时间内一直被限制在世界上很小的一片区域之内。

同样地，那些认为社会主义与人性相悖的人之所以抱有这样的观点，是因为他们目光短浅，把人性同资本主义联系在了一起。在这些人眼中，生活在撒哈拉沙漠中部的图阿雷格人（Tuareg），本质上都是实实在在的资本主义企业家；他们私下里最想干的事情就是开一家投资银行，这与他们是否具有投资银行的概念毫不相干。但是，一个人毕竟不可能渴望得到一个自己根本不知道的东西。如果我是一个雅典的奴隶，我就不可能渴望成为一个证券经纪人。我可以是一个贪得无厌、利欲熏心、一心为了私利的奴隶，但是我根本不可能成为一个空谈的资本家，就像我如果生活在 11 世纪，就不可能渴望自己成为一名脑外科医生一样。

我此前已经宣称：马克思让人不可思议，他既对人类的过去无比悲观，又对人类的未来无比乐观。导致这一现象的原因有几个，但是其中一个与我们现在讨论的问题密切相关。马克思之所以对人类大部分过去持阴郁的态度，是因为它代表着一种接一种的悲惨的压迫和剥削形式。特奥多·阿多诺曾经说，悲观的思想家（他指的是弗洛伊德而不是马克思）对人类解放事业作出的贡

1　艾伦·格林斯潘（Alan Greenspan），1926 年生，犹太裔美国经济学家，第十三任美国联邦储备委员会主席。——译者注

2　克里夫·理查德（Cliff Richard），1940 年生，英国演员、歌手、商人。——译者注

献比那些乳臭未干的乐观思想家要大。这是因为他们见证了那些亟待救赎的社会不公，如果没有他们，这些不公很可能被我们遗忘。他们提醒我们不要忘记那些坏事，促使我们纠正错误，敦促我们抛弃幻想。

马克思之所以还保留着对未来的许多希望，那是因为他认识到这些阴郁的历史印记在极大程度上并不是由于我们所犯的错误而留下的。如果说历史充满了血腥，那不是因为人类的大多数都天性邪恶，而是因为他们承受了巨大的物质压力。因此，马克思才能够以实事求是的态度审视历史，而没有陷入人心黑暗的神话之中。这正是他能够对人类的未来保持希望的原因之一。是唯物主义使他得以保持这个希望。如果战争、饥荒、屠杀都确实来源于某种不变的人性的堕落，那我们就根本没有任何理由相信我们的未来会更加美好。但是，如果这些在某种程度上是由不公正的社会制度造成的结果，而有时候个人最多不过是这个制度中的元件而已，那么我们就有理由相信，改变这个制度就能走向一个更加美好的世界。而所谓完美的怪物就留下来吓唬那些愚昧无知的人吧。

这并不是说阶级社会中的男人和女人就可以对其行为进行开脱，也不是说个体的堕落与战争和屠杀毫不相干。那些迫使成千上万工人失去工作的公司当然必须受到谴责。但是，他们解雇工人并非出于仇恨、恶意或者敌意，而是因为他们不得不在一个竞争激烈的制度中保持盈利，否则他们就会被这个制度所抛弃。那些将军队送上战场、结果导致无辜儿童被烧死的人，很可能是性情最为温和的人。即便如此，纳粹主义并不仅仅是一种道德败坏的政治制度，它还从那些真正邪恶的个体身上汲取虐待狂、偏执狂和病态仇恨的营养。如果希特勒都算不上一个邪恶的人，那么

"邪恶"一词就没有任何意义了。但是，他们这些个人之所以能够带来如此可怕的结果，是因为他们的邪恶与一种政治制度的操纵结合在了一起。这就好像你让莎士比亚作品中邪恶的伊阿古[1]去看守战俘营一样。如果真的存在人性，那么无论后现代主义者怎么想，这在一定程度上都是一个好消息。因为人性中相当连贯的一个特点就是反抗不公，这也是为什么那种认为人性必然保守的想法十分愚蠢的原因之一。纵览历史，我们不难发现政治压迫总会激起反抗，无论这些反抗最终是否被镇压或以失败告终。人性中似乎存在一种不轻易向傲慢权力低头的倾向。权力只有与被统治者共谋才能大行其道，此话不假。但是，有证据显示这种共谋往往是偏袒的、模棱两可的和暂时的。人们对统治阶级的态度往往是容忍而不是赞同。如果人性仅仅具有单纯的文化属性，那我们的政治体制就没有理由不将我们塑造成唯唯诺诺的顺民。但是，它们却常常感到要做到这一点超乎想象的困难，这也恰恰证明了反抗源泉的存在，而这种反抗源泉比地域文化对人们产生的影响更为深刻。

那么，马克思是一个乌托邦思想家吗？从展望未来将远远好于现在这个意义上讲，他是。他相信物质稀缺、私有财产、剥削、社会阶级和我们熟知的国家等等都将消亡。眼见当今世界积累起来巨大的物质财富，许多思想家因而认为消除物质稀缺从原则上讲是完全合理的，不论从实践上讲是多么的困难。是政治挡

1　伊阿古（Iago），莎士比亚《奥赛罗》剧中的反面人物，他是阴谋家、辞令家、行动家，同时又是心理学家。——译者注

在了我们前进的道路上。

我们已经看到，马克思还认为这将是人类及其精神财富的大规模解放。从之前的枷锁中解放出来的男人和女人，将以过去前所未有的方式实现个体的繁荣。但是，马克思从来没有在其著作中说过我们会进入一个完美无缺的社会。适合人们行使自由的条件，也必然适合人们滥用自由。实际上，如果没有这种对自由的滥用，任何大规模地行使自由也就无从谈起。因此，我们有理由相信在共产主义社会中仍将存在许多问题，会发生大量的矛盾冲突和一些无法挽回的悲剧；也少不了儿童凶杀犯、交通事故、情节卑劣的小说、致命的嫉妒、膨胀的野心、没品位的裤子和无以慰藉的悲哀；公共厕所也同样需要打扫。

共产主义让每个人的需要都得到满足，但即便是在一个富足的社会中，个人需要也必须受到一定的限制。正如诺曼·杰拉斯所指出的："谈到（在共产主义制度下）自我实现的方式，如果你要一把小提琴而我要一辆自行车，大家都会觉得这没有什么问题。但是，如果我想要一大片让我随意溜达的土地，比如说澳大利亚，或者通常以我认为合适的方式来利用这片土地，不因他人的在场而被打扰，那显然就成问题了。无论物质多么丰富，也无法满足这么高的自我发展需要……不难想象，甚至有些小得多的需要也同样难以满足。"[1]

正如我们所见，马克思并没有把未来当成无聊的猜想，而是认为未来是从现在推断出来的，也是切实可行的。他关心的并

1　诺曼·杰拉斯：《关于马克思与正义的论辩》(*The Controversy about Marx and Justice*)，载《新左派评论》，第 150 期（1985 年 3 月／4 月），第 82 页。

不是充满诗情画意的和平与友谊，而是实现一个真正美好的人类未来所必需的物质条件。作为一个唯物主义者，他很清楚现实的复杂性、顽固性和不完美；这样一个世界与对完美无缺的未来的憧憬并不相符。一个完美的世界将是一个消灭了全部偶然性的世界，即不存在构成我们日常生活一部分的偶然冲突、意外事件以及悲剧性的不可预知的影响。在这样的世界里，无论死者还是生者都能得到公正的待遇，所有的罪行都将得到应有的惩处，历史的恐怖也将得到纠正。这样的社会是根本不可能实现的，也不是我们所期待的。在一个没有火车相撞事故的世界里，很可能也找不到医治癌症的有效疗法。

同样，建立一个人人平等的社会秩序也是不可能的。那些"社会主义会让我们变得一模一样"的抱怨是没有根据的。马克思不仅从来没有过这样的想法，而且还坚决反对那样的一致性。事实上，他认为平等是一种资产阶级的价值观，将其视为他所说的交换价值——一种商品被视为与另一种商品具有同等价值——在政治领域的反映。他曾经评论说，商品就是"已经实现了的平等"。他曾经一度提到一种实行总体社会平均的共产主义的思路，但之后又在《1844年经济学哲学手稿》中将这种想法斥为"对整个文化和文明的世界的抽象否定"。马克思还把平等的概念同他认为的中产阶级民主的抽象平等联系在一起，认为人们作为选民和公民的形式上的平等掩盖了财富与阶级的真实不平等。在《哥达纲领批判》一书中，他还对所谓的收入平等的观念进行了驳斥，因为人与人所要满足的个体需要是有独特差异的：一些人所从事的工作比其他人所从事的工作更加肮脏或者危险，一些人比其他人有更多的孩子需要抚养，等等。

这并不是说马克思完全否定平等的观念。他不会仅仅因为一种观念来自中产阶级就不加分辨地加以排斥。他不仅没有不屑一顾地摒弃那些源自中产阶级社会的理想，还坚定地支持他们所崇尚的自由、自决和自我发展等伟大的革命价值。在他看来，相比封建主义的等级制而言，即便是抽象的民主也是一种值得欢迎的进步。只不过他认为，只要资本主义存在一天，这些宝贵的价值就无法为我们每一个人造福。尽管如此，他还是毫不吝惜地称赞中产阶级是历史上最革命的阶级，而他的中产阶级对手们却往往忽略了这个事实。也许，他们认为得到马克思的褒奖无异于得到死亡的终极之吻。

在马克思眼中，当时盛行的"平等"概念存在一个很大的问题，那就是它过于抽象。它没有对人和事物的个体差异性——或者马克思所说的经济领域中的"使用价值"——给予足够的重视。使各自不同的人标准化的是资本主义而不是社会主义。这就是马克思对"权利"这一概念一直持谨慎态度的原因之一。"权利，"他评论道，"就它的本性来讲，只在于使用统一的尺度；但是不同等的个人（而如果他们不是不同等的，他们就不能成其为不同的个人）要用同一的尺度去计量，只有从同一个角度去看待他们，从一个特定的方面去看待他们，例如现在所讲的这个场合，把他们只当作劳动者；再不把他们看作别的什么，把其他一切都撇开了"。[1] 所以，我们用不着再说什么马克思想把我们都变成千篇一律的人，也用不着再说什么在马克思眼中所有人都不过是同样的劳动者罢了。

---

[1]　转引自诺曼·杰拉斯：《关于马克思与正义的论辩》，载《新左派评论》，第150期（1985年3月/4月），第52页。

社会主义的平等并不意味着所有人都一样——这是一个荒诞的命题，就连马克思或许也早已意识到了他比威灵顿公爵 [1] 要聪明得多。同样，社会主义的平等也并不意味着每个人都能得到等量的财富或资源。

真正的平等不是以同样的方式对待每个人，而是对每个人的不同需要给予同等的关注。这才是马克思展望的那种社会。人类的需要各不相同，不可能用同一把尺子去衡量他们。马克思认为，每个人都享有自我实现和积极参与塑造社会生活的同等权利。因此，不平等的障碍必须予以摧毁。但是，其结果应该是最大限度地允许每个人在保持其独特个性的基础上获得繁荣。说到底，马克思所说的平等是为了差异而存在的。社会主义并不是所有人都穿着同样的连裤工作服，是消费资本主义让其公民穿上了制服，还美其名曰运动服和运动鞋。

在马克思看来，社会主义将建立一个比我们现在的社会更加多元的秩序。在阶级社会中，少数人以牺牲多数人的自由为代价获得了自由的自我发展，多数人只能过着单调乏味的生活。而

1　威灵顿公爵（Duke of Wellington），英国贵族头衔。第一代威灵顿公爵阿瑟·韦尔斯利（Arthur Wellesley），被公认为 19 世纪上半叶最具影响力的军事和政治人物之一。——译者注

共产主义恰恰鼓励人们发展各自的个人天赋，所以它也必将更加发散、多元和不可预测，更像一部现代主义的而非现实主义的小说。马克思主义的批评者可以将其斥责为天真的幻想，但是他们总不能同时又指责马克思偏好的社会秩序与乔治·奥威尔[1]《一九八四》中的极权社会是一路货色。

的确有一种充满敌意的乌托邦主义已经给当代社会带来了危害，但是它的名字不是"马克思主义"。这是一种疯狂的想法，它认为一种被称作自由市场的单一全球制度可以强加在全世界最多样化的文化和经济之上，并治愈这些文化和经济各自的痼疾。这种极权主义幻想的代理人并不是"007"系列电影中那个藏身阴暗地堡、面带刀疤、说起话来轻柔而邪恶的詹姆斯·邦德似的恶棍，而是你可以经常在华盛顿的高档餐厅或者在英国苏赛克斯郡（Sussex）的奢华庄园中见到的那些人。

有人问特奥多·阿多诺[2]：马克思是不是一个乌托邦思想家？阿多诺毫不犹豫地回答道：是，也不是。阿多诺写道，马克思为了实现乌托邦而成为乌托邦的敌人。

1　乔治·奥威尔（George Orwell，1903—1950年），原名埃里克·阿瑟·布莱尔（Eric Arthur Blair），英国记者、小说家、散文家和评论家；代表作有《动物农场》和《一九八四》等。——译者注

2　特奥多·W. 阿多诺（Theodor W. Adorno，1903—1969年），德国哲学家、社会学家、音乐理论家，法兰克福学派主要代表人物，社会批判理论奠基人。——译者注

第五章　驳马克思主义还原论

反　马克思主义将世间万物都归结于经济因素。这是经济决定论的一种形式。艺术、宗教、政治、法律、战争、道德、历史变迁……所有这些都被简单地视为经济或阶级斗争的反映。它忽视了人类事务的复杂性，是一种单色调的历史观。醉心于经济的马克思，说到底不过是他所反对的资本主义制度的倒影。他的思想与多元论者对当代世界的看法背道而驰，后者清楚地认识到，丰富多彩的历史经验是不可能被硬塞进一个单一而刻板的理论框架中的。

　　从某种意义上说，一切事物的落脚点都是经济这个观点是不言自明的。实际上，这是一个再明显不过的事实，怎么可能有人会对此提出异议。无论一个人想做什么事情，都必须先吃饭和喝水。如果我们住在谢菲尔德[1]而不是萨摩亚[2]的话，那么我们至少还需要遮体的衣服和一个栖身之所。马克思在《德意志意识形态》中写道，人类的第一个历史活动，就是满足我们物质需要的生产。只有在此条件下，我们才能够去学习弹班卓琴、作诗或者粉刷门廊。文化的基础是劳动，没有物质生产也就没有文明。

　　但是，马克思主义所要宣扬的还不止于此。它认为物质生产极端重要，不仅仅是因为没有物质生产就没有文明，还因为物质生产将最终决定文明的性质。这就像你可以说笔或者电脑是写作小说的必备工具，也可以说笔或者电脑会在某种程度上决定小说的内容，但这两者之间是有区别的。马克思主义关于物质生产决定文明性质的论断决没有那么显而易见，尽管也得到了一些反马克思主义者的认同雷[3]决不是一个马克思主义的辩护者，但他曾中……经济活动不仅区别于社会生活的其他——有时是支配着——整个社会。"[4]格雷的这社会，而马克思却将它推广

1　谢菲尔德（Sheffield），英格兰南部工业城市，主要工业为钢铁郡。——译者注

2　萨摩亚（Samoa），原名"西萨摩亚"，1977年7月更名为"萨摩亚独立国"，位于太平洋南部、萨摩亚群岛西部，由萨瓦伊和乌波卢两个主岛及七个小岛组成。——译者注

3　约翰·格雷（John Gray），1948年生，英国政治哲学家，主要研究兴趣在分析哲学和思想史。——译者注

4　约翰·格雷：《伪黎明：全球资本主义的幻象》（*False Dawn: The Delusions of Global Capitalism*）（伦敦，2002年），第12页。

到了整个人类历史。

马克思的批评者将马克思物质生产决定文明性质的观点视为一种还原论，认为它试图用同一种因素解释世间万物，这显然是错误的。人类历史是如此惊人地丰富多彩，怎么可能被束缚至此呢？毫无疑问，推动历史发展的力量是多种多样的，是不可能简单归结为某个单一、不变的准则的。然而，在这里我们也许会问，这种多元主义的观点又能在多大程度上适用呢？难道在任何一种历史情境中都没有一个比其他因素更为重要的因素吗？这样的说法显然难以让人接受。法国大革命的起因可能是一个直到世界末日都纠缠不清的问题，但是没有人会认为那是因为法国人奶酪吃多了造成大脑中的生物化学变化而引起的。只有那些抱着极端怪异想法的少数人才会坚称法国大革命的爆发是因为白羊座当时正处于优势星位。所有人都认为，一些历史因素比另一些历史因素具有更大的影响力。承认这一点并不妨碍他们成为多元论者，至少从这个词的某种含义上讲是这样的。他们仍然可以相信每一个重大历史事件都是多种因素共同作用的结果，只不过他们并不认为这些因素都具有同等的重要性。

弗里德里希·恩格斯就是这样的一个多元论者。他坚决否认他和马克思曾经表达过经济力量是决定历史的唯一因素的观点。在他看来，这不过是一种"毫无内容的、抽象的、荒诞无稽的空话"。[1] 其实，多元论者并不认为在任何情境下的任何因素都跟其他因素具有同等的重要性。每个人都相信等级的存在，就连最狂热的平等主义者也不例外。事实上，几乎所有人都相

1　马克思和恩格斯：《通信选集》（莫斯科，1965 年），第 417 页。

信等级关系的存在是绝对的和不可改变的。几乎没有人会相信给一个饥饿的人挠痒会比给他食物更重要。也没有人会认为，查理一世[1]指甲的长度在英国内战中发挥了比宗教更具决定性的作用。有很多原因可以促使我把你的头按进水里二十分钟（虐待狂，科学好奇心，你穿了一件难看的花衬衫，电视里只有一部无聊的老纪录片，等等），但是这其中最重要的原因，是我想马上得到你已经在遗嘱中表示要留给我的那几匹获奖的赛马。为什么公共事件就不能有高于一切的动机呢？

一些多元论者也认为，这些事件有可能是由一个单一的起支配作用的原因引起的，只是他们不明白为什么同一原因对所有情境都适用。不错，所谓的经济历史理论之所以不可信，是因为它认为发生在任何地点的任何事情都是受到同样的条件制约的。这是不是意味着历史也是一个单一的现象，在所有阶段都奇迹般地整齐划一，就像一根石棍从头到尾都一般粗细那样？我之所以头疼，可以合理假设是由于我坚持要带着那个紧得出奇的玛丽莲·梦露式假发去参加聚会造成的，但历史决不是头疼那么单一的事情。就像有人曾经抱怨过的那样，历史就是一件该死的事情接着另一件该死的事情，既没有童话故事的一致性，也没有建构一种连贯叙事，并不存在一条贯穿历史始终的意义主线。

我们已经看到，几乎没有人认为历史是完全无章可循的；也很少有人会把历史简单地视作混乱、巧合、意外和偶然的随

1　查理一世（Charles Ⅰ，1600 — 1649 年），英格兰、苏格兰与爱尔兰国王，在英国内战中失利后被指控叛国，最终被施以绞刑，成为英国历史上唯一被公开处死的国王。——译者注

意堆积，尽管弗里德里希·尼采[1]和他的门徒米歇尔·福柯[2]曾经一度十分接近这样的观点。但是，无论历史中的因果链条是多么复杂和难以捉摸，大多数人仍然相信存在这样的因果联系，并且认为正因此历史才具有了某种可以探寻的模式。比如说，不同国家都在某个特定的历史阶段开始向外殖民，这其中不可能没有一些相同的原因。非洲的黑奴被贩运到美洲也并非毫无理由的。在 20 世纪，好几个不同的国家几乎同时出现了法西斯主义，决不仅仅是一种盲目的模仿。人们决不会为了闹着玩而纵身火海，而整个地球的人都坚决不会这么做，不就是一种惊人的整齐划一的模式吗？

当然，重要的并不是历史中是否存在某些模式，而是是否存在一种占主导地位的模式。你可以相信前者而不相信后者。为什么不可以是彼此重叠而决不会融为一体的一组模式呢？如此多样化的人类历史又怎么可能形成一个整齐划一的故事呢？如果说物质利益是人类从穴居走向资本主义整个历程中最主要的原动力，显然要比饮食、利他主义精神、伟人、撑竿跳或者行星相合要更有说服力。但是，这个答案还是显得太过单一，无法令人满意。

如果这个答案已经让马克思满意了，那是因为他认为历史决不像它看上去那样多样和丰富多彩；历史的真相比我们看到的

1　弗里德里希·尼采（Friedrich Nietzsche，1844 — 1900 年），德国著名哲学家，西方现代哲学的开创者、诗人、散文家，著有《悲剧的诞生》《查拉斯图拉如是说》等。——译者注

2　米歇尔·福柯（Michel Foucault，1926 — 1984 年），法国哲学家、社会思想家和"思想系统的历史学家"。他对文学评论及其理论、哲学、批评理论、历史学、科学史和知识社会学等都产生了很大的影响，著有《疯癫与文明》《性史》《规划与惩罚》《知识考古学》《词与物》等。——译者注

表象要单调得多。历史确实存在某种统一性，但是这种统一性不会像小说《荒凉山庄》[1]或者电影《正午》[2]中情节的统一性那样给我们带来欢乐，因为将历史束缚在一起的主线始终是稀缺、强迫劳役、暴力和剥削。虽然这些事情在表现形式上各不相同，但是人类有史以来的所有文明都是以它们为基础建立起来的。正是这种令人厌恶的单调循环，赋予人类历史一种决非我们期望的显著的一致性。不幸的是，这的确是一种宏大叙事。正如特奥多·阿多诺所评论的那样，"从古至今唯一保持不变的——可能偶有间歇——就是绝对的痛苦"。历史的宏大叙事讲述的决非进步、理性或者启蒙，而是一个用阿多诺的话来说"从弹弓延续到原子弹"的悲惨故事。[3]

我们可以同意人类历史充斥着暴力、强迫劳役和剥削的观点，而不接受它们就是人类历史的根基的观点。对于马克思主义来说，它们之所以如此重要的一个原因，是因为它们与人类的物理生存息息相关；它们一直是我们延续自身物质存在方式的恒久特征。它们并不是随机发生的事件。我们这里讲的并不是那些零星发生的野蛮行为或侵略行为。如果这些事件的发生确有某种必然性的话，那就是因为它们早已植根于我们得以生产和再生产我们的物质生活的结构之中。即便如此，马克思主义者也不会认为世间万物都绝对是由这些力量塑造出来的。因为如果真是那样的

1　《荒凉山庄》(*Bleak House*)，英国作家查尔斯·狄更斯的作品。小说通过描写一桩神秘的财产诉讼案，展现了人性的贪婪，并揭露了当时英国司法制度的弊病。——译者注

2　《正午》(*High Noon*)，美国于 1952 年上映的影片。影片中的时间与真实世界中的时间步调一致。——译者注

3　特奥多·W. 阿多诺：《否定的辩证法》(*Negative Dialectics*)（伦敦，1966 年），第 320 页。

话，无论是伤寒病、马尾辫、开怀大笑、苏菲主义 [1]、《马太受难曲》，还是将脚指甲涂成异域情调的紫色，就都成了经济力量的反映。任何非由经济动机直接引发的战争或者避而不谈阶级斗争的艺术作品，都将是无法想象的。

马克思的著作偶尔也会让人产生这样的感觉：政治仿佛就是经济的反映。然而，马克思也时常对隐藏在很多历史事件背后的社会、政治和军事动机进行研究，却丝毫没有暗示这些动机只是深层次经济动机的表面现象。物质力量有时会直接在政治、艺术和社会生活中留下明显的标志，但是在大多数情况下这种影响力更具长期性和隐蔽性。有时候其影响只是局部的，而也有一些时候其影响微乎其微，几乎谈不上"影响"二字。资本主义的生产方式怎么会对我喜欢什么样的领结产生影响呢？它又在何种意义上去决定悬挂式滑翔运动或者十二小节布鲁斯呢？

所以说，在这个问题上不存在什么还原论。政治、文化、科学、观念和社会存在并非仅仅是伪装的经济，就好像一些神经科学家把思想称作伪装的大脑那样。它们都有着各自的实在，都演进着各自的历史，也都依照各自的内在逻辑运行。它们并非其他某种事物的苍白镜像，而是同样在有力地塑造着生产方式本身。我们在后文中将看到，经济"基础"与社会"上层建筑"之间的联系并不是单向的。那么，如果我们在这里讨论的不是某种机械决定论，那我们的主张又是什么呢？难道是一种政治上无足轻重的泛泛而谈吗？

---

[1] 苏菲主义（Sufism）是伊斯兰教的神秘主义，最初源自《古兰经》中的某些经文和穆罕默德的神秘体验，提倡给伊斯兰教信仰赋予神秘的奥义，并奉行苦行禁欲的修行方式。——译者注

这个主张从一开始就是消极的。它认为，世间的男人和女人创造物质生活的方式会对他们建立的文化、法律、政治和社会制度构成限制。所谓"决定"一词，实际上就是"对……进行限制"。生产方式不会自行决定出某种特殊类型的政治、文化或者一系列社会观念。资本主义不是约翰·洛克[1]哲学创作或者简·奥斯汀[2]小说创作的动因，而是两者得以阐释的具体背景。生产方式也不会单单抛出那些为自身目的服务的观念或者制度。设若如此，马克思主义也就不可能诞生了；而无政府主义者的街头剧从何而来，或者托马斯·潘恩[3]怎么能在当时的警察专制国家英格兰的中心写出畅销一时的具有革命意义的巨著《人的权利》，都将成为不解之谜。尽管这样，我们仍然会惊讶地发现，英国文化中到处都是托马斯·潘恩式的人物和无政府主义者的街头剧团体。大多数小说家、学者、广告人、报纸、教师和电视台都创造不出颠覆现状的作品。这一事实是如此地显而易见，以至于根本无法引起我们的注意。马克思认为，这种现象的存在决非偶然。而正是在这一点上，我们可以看到马克思的主张中更为积极的一面。一般来说，阶级社会的文化、法律和政治都与占支配地位的社会阶级的利益紧密相关。正如马克思自己在《德意志意识形态》中所说："支配着物质生产资料的阶级，同时也支配着精神生产资料。"

---

1 约翰·洛克（John Locke，1632—1704年），英国哲学家，经验主义开创者，被誉为"自由主义之父"，主要著作有《论宽容》《政府论》《人类理解论》。——译者注

2 简·奥斯汀（Jane Austen，1775—1817年），英国著名女性小说家，代表作有《傲慢与偏见》。——译者注

3 托马斯·潘恩（Tom Paine，1737—1809年），英裔美国思想家、作家、政治活动家、理论家、革命家、激进民主主义者。潘恩受法国大革命的影响写了《人的权利》（*Rights of Man*），成为启蒙运动的指导作品之一。——译者注

如果我们静下来想想的话，大多数人可能都会接受这样一个事实，即物质生产在人类历史中已经占据了如此显著的地位，吸收了无穷无尽的时间和能源资源，激起了许许多多自相残杀的冲突，不仅影响着人类从生到死的全过程，而且成为对许多人生死攸关的挑战，那么毫不奇怪，它也一定会在关乎人类生存的其他诸多方面留下自己的印记。其他社会制度都被无情地拖进了它的轨道；它扭曲了政治、法律、文化和观念，剥夺了它们自由繁荣的可能性，并迫使它们花费大量时间维护现行社会秩序的合法性。试想一下当代资本主义制度吧，从体育到性行为，从搞到天堂的前排座位到美国电视播报员为了广告商的利益而声嘶力竭地吼叫以抓住观众的注意力……商品形态都毫无例外地在它们身上留下了清晰的指纹。晚期资本主义社会是对马克思主义历史理论正确性的最有利证明；在一定程度上，马克思的论点正随着时间的流逝而日渐变为现实。恰恰是资本主义而不是马克思主义奉行经济还原论；是资本主义从狭隘的"生产"概念出发，把"为生产而生产"奉为信条。

相比之下，马克思虽然同样相信"为生产而生产"，但是他对"生产"一词的理解要宽泛得多。马克思认为，人类的自我实现必须作为我们努力追寻的一个目标加以重视，而不能把它贬低为实现其他某种目的的工具。他认为，只要狭隘的"为生产而生产"的观念还在支配着我们的社会，人类的自我实现就无从谈起，因为我们不得不将绝大部分创造力用来养家糊口，而根本无法享受生活。通过对两种"为生产而生产"不同用法的比较——一个是经济的；另一个是创造性的或者艺术的——马克思主义的要义已经清晰可见。马克思远非一个经济还原论者，他强烈批评将人类生产还原为拖拉机和涡轮机生产。马克思所说的生产更像是艺术，而不是装配晶体管收音机或者宰杀绵羊。我们在后文中还会再谈及这个主题。

尽管如此，马克思依然认为（狭义的）经济在人类迄今为止的历史中发挥了核心作用。但是，持有这种观点的人并非只有马克思主义者。西塞罗[1]认为，国家的目的就是保护私有财产。"经济"历史理论在 18 世纪的启蒙运动中司空见惯，一些启蒙思想家将历史视为不同生产方式的接续，并且认为这样才能解释社会等级的高低之分、因人而异的生活方式、社会不公正现象以及家庭和政府内部错综复杂的关系。亚当·斯密[2]认为，历史上物质发展的每一个阶段都产生它自己的法律、财产和政府。让–雅克·卢梭在《论人类不平等的起源和基础》一书中提出：财产带来战争、剥削和阶级冲突。他还坚持认为，所谓社会契约不过是富人为了保护他们的特权而强加给穷人的一场骗局。卢梭在谈到人类社会从一开始就将枷锁强加于弱者而将权力赋予富人这一问题时，认为权力将"不可挽回地消灭天赋的自由；它们把保障私有财产和承认不平等的法律永远确定了下来……为了少数野心家的私利而迫使全人类忍受劳苦、奴役和贫困"。[3] 在卢梭看来，法律

1　马库斯·图留斯·西塞罗（Marcus Tullius Cicero，前 106 — 前 43 年），罗马共和国政治家、演说家、法学家、哲学家，被视为三权分立学说的古代先驱。——译者注

2　亚当·斯密（Adam Smith，1723 — 1790 年），英国经济学家，被称为"经济学鼻祖"。著有《国富论》《道德情操论》等。——译者注

3　让–雅克·卢梭：《论人类不平等的起源和基础》（A Discourse on Inequality）（伦敦，1984 年），第 122 页。

总是保护强者而欺凌弱者；所谓的正义往往只是实施暴力和保障统治的武器；而文化、科学、艺术和宗教，不过是维持现状的帮凶，它们的职责就是给那些用来压迫人民的铁链，戴上"鲜花的桂冠"。卢梭声称，私有财产正是人类不满的根源。

伟大的19世纪爱尔兰经济学家约翰·埃利奥特·凯尔恩斯[1]将社会主义视为"彻头彻尾的经济文盲的产物"，他曾经被人们称为最正统的古典经济学家。凯尔恩斯曾感叹"物质利益在决定人们的政治观点和行为举止上的影响是多么的巨大"。[2]他还在《奴隶的力量》(The Slave Power)一书的"序言"中声称："历史进程在很大程度上是由出于经济动因的行为决定的。"他的同胞威廉·爱德华·哈特波尔·莱基[3]是当时最伟大的爱尔兰历史学家，也是一位恶毒的反社会主义者。莱基曾写道："很少有东西像财产继承法那样对社会形态的形成发挥了如此重要的作用。"[4]甚至连西格蒙德·弗洛伊德都沉湎于一种经济决定论调。在他看来，如果不需要劳动的话，我们整天只会躺在地上无耻地放纵性欲。是经济必然性使我们摆脱了懒惰的天性，促使我们参与到社会活动中去。

或者，我们不妨看看下面这段鲜为人知的历史唯物主义评论：

1　约翰·埃利奥特·凯尔恩斯（John Elliot Cairnes），爱尔兰著名经济学家，他经常被人们描述为"最后一位古典经济学家"，著有《政治经济学的特征与逻辑》等。——译者注

2　约翰·埃利奥特·凯尔恩斯：《孔德先生与政治经济学》(Mr Comte and Political Economy)，载《双周评论》(Fortnightly Review)（1870年5月）。

3　威廉·爱德华·哈特波尔·莱基（W.E.H. Lecky，1838—1903年），爱尔兰历史学家。——译者注

4　威廉·爱德华·哈特波尔·莱基：《政治和历史随笔》(Political and Historical Essays)（伦敦，1908年），第11页。

［人类社会的］居民必须经历几个不同的阶段：首先，作为狩猎者、牧羊人和农夫。然后，财产具有了价值并由此引发社会不公。接下来，法律被用来抑制侵害行为和保护财产；在这些法律的认可之下，人们开始占有过剩品；奢侈品应运而生并要求持续不断地供应，正因此科学才变得必不可少并有了自己的用武之地。没有科学国家将无法生存……[1]

这并不是一个马克思主义者用古怪的文风写下的心得，而是 18 世纪爱尔兰作家、忠心耿耿的托利党人[2]奥利弗·戈德史密斯进行的沉思。如果说这位爱尔兰人似乎对所谓的经济历史理论情有独钟的话，那也是因为很难生活在这样一个破败不堪的殖民地——盎格鲁爱尔兰的地主阶级事实上处于主导地位——并且完全无视此类问题的存在。在拥有复杂文化上层建筑的英格兰，经济议题在诗人和历史学家眼里却远没有那么显而易见。如今，许多本该对马克思的历史理论抱有轻蔑排斥态度的人，却表现出他们相信马克思的话就是真理的样子，这些人包括银行家、金融顾问、财政官员、企业高管，等等。他们所做的一切无不证明他们坚信经济的优先性。他们无一例外都自发地成为马克思主义者。

在此，很有必要补充一个有趣的类比实例。经济历史理论的诞生地和工业资本主义的诞生地一样，都是在英国的曼彻斯特及

1　阿瑟·弗里德曼（Arthur Friedman）编辑：《奥列弗·戈德史密斯选集》（*Collected Works of Oliver Goldsmith*）（牛津，1966 年），第 2 卷，第 338 页。

2　托利党（Tory），英国政党。产生于 17 世纪末，19 世纪中叶演变为英国保守党。"托利"一词起源于爱尔兰语，意为"不法之徒"。——译者注

其附近地区。恩格斯曾经说过，在曼彻斯特度过的那段时光使他第一次认识到了经济的中心地位。正如我们之前提到的，他的父亲在那里经营着一家纺织厂，并且以此维持了恩格斯的生活和（在很长一段时间内）帮助了马克思本人。因此，我们或许可以说，恩格斯的这一洞察是从家里开始的。富裕的恩格斯成为马克思精神上层建筑的物质基础。

那种以为对马克思来说一切事物都是由"经济"决定的说法，是荒唐的且过于片面的。在马克思看来，是阶级斗争塑造了历史进程，而阶级并不能被还原为经济因素。诚然，马克思在很大程度上将阶级视为在一种生产方式内处于同一地位的一群男人和女人。但是，我们所说的是社会阶级，而不是经济阶级，这一点十分重要。马克思写的是"社会"生产关系和"社会"革命。如果社会生产关系优先于社会生产力，那么就很难理解为什么那些明目张胆地贴着"经济"标签的东西会是历史前进的主要动力。

阶级并非仅存在于煤矿和保险公司的办公室里，它们除作为经济实体之外还是社会结构和社会共同体。阶级涉及习俗、传统、社会制度、价值体系和思维习惯；阶级还是一种政治现象。事实上，马克思曾经在著作中暗示过，缺乏政治代表性的阶级根本算不上完整意义上的阶级。他似乎是说，一个阶级只有在意识到自身是一个阶级时才能真正成为一个阶级，阶级包含了法律、社会、文化、政治和意识形态进程。所以马克思认为，在前资本主义社会中这些非经济因素具有特殊的重要性。阶级并不是整齐划一的，而是展现出大量的内部分化和多样性。

除此之外，我们很快就会看到，在马克思看来劳动涉及的范围要远远大于经济。劳动几乎涵盖了整个人类学——关于自然与人类动力的理论，身体及其需要，意义的本质，社会合作观念以及个体的自我实现。这不是《华尔街日报》(Wall Street Journal)谈论的那种经济学；在《财经时报》(Financial Times)上也读不到关于"人类物种"的文章。劳动还涉及性别、血缘和性欲。这里的问题是：首先，劳动者当初是如何生产出来的？他们又是如何从物质上得以维持和从精神上得以充实的？生产是在某种特定的生活形式中进行的，因此也就带有了社会意义。由于劳动总是代表了某种意义，而人类就是具有重大意义(significant，字面之意就是"制作标志")的动物，所以劳动永远不可能是简单的技术或者物质事务。你可以将其视为颂扬上帝、歌颂祖国或者获取零花钱的方式。简言之，经济总是意味着比经济本身更多的含义。这并不仅仅是市场如何运行的问题，也涉及我们是怎样成为人类的，而不仅仅是怎样成为一个证券经纪人的。[1]

由此可见，阶级并非单纯的经济事务，更不像性生活那样仅仅是个人事务。事实上，我们很难想出一种单纯的经济事物。就连硬币也可以被人们收藏并在玻璃柜中展示，让人们欣赏它们的美学特征；或者将其熔化从而得到铸造它们的金属。顺便说一句，谈到金钱我们就不难理解为什么整个人类的存在都可以轻而易举地还原为经济，因为在某种程度上这正是金钱的功能。金钱的神奇之处在于，金钱能将无穷无尽的人类可能性压缩进它极为狭小的范畴之中。不错，生活中确实存在很多比金钱更为重要的东西，但是其中的大多数只要用金钱都可以获得。金钱让我们能

1　彼得·奥斯伯恩的《马克思》(Marx)(伦敦，2005年)第三章对这一问题作出了精彩的探讨。

够同他人建立起良好的关系，让我们不至于因饥饿而突然倒毙。它可以为你买到隐私、健康、教育、美貌、社会地位、流动性、舒适、自由、尊重和感官上的满足，外带沃里克郡（Warwickshire）一座都铎王朝[1]时代的农庄。马克思在《1844年经济学哲学手稿》中精彩地描绘了金钱变化多端、点石成金的特性，以及你如何可以用这毫不起眼的金钱换来一大堆令人眼花缭乱的产品。金钱本身就是一种还原论；它能把整个宇宙装进一枚铜板之中。

但正如我们所看到的，即便是硬币也并非原始的经济学。事实上，所谓"经济"从来不是孤立出现的。财经媒体津津乐道的"经济"不过是一个幽灵，根本没有人见过它的模样。它是对复杂社会进程的抽象化。正统经济学思想往往倾向于缩小经济的内涵，而相比之下马克思主义则试图从最丰富、最宽广的角度去理解生产。马克思的历史理论之所以仍然有效，原因之一就在于物质产品决不仅仅是物质产品。它们坚守着增进人类福祉的希望，使我们能够获取人生中那么多珍贵的东西。这就是为什么世人会为了土地、财产、金钱和资本而拼死相搏的原因所在。除了那些以研究经济为职业的人之外，没有人会仅仅视经济为经济本身。正是因为人类存在的这一领域将诸多其他维度收纳入自身范畴，所以它在人类历史中才扮演着至关重要的角色。

常常有人指责马克思主义不过是其政治对手的镜像。资本主义将人性简单地归结为"经济人"，它的强大对手也持有同样

1　都铎王朝（Tudor Dynasty），英国的一个封建王朝。1485年由都铎家族的亨利（即亨利七世）在结束"玫瑰战争"后建立。王朝统治期间，建立国王专制统治，鼓励工商业，推进对外殖民，开展"圈地运动"，资本主义得到迅速发展。1603年被斯图亚特王朝取代。——译者注

的观点；资本主义将物质生产奉若神明，马克思也完全一样。但是，这样的看法会误解马克思的生产概念。马克思坚持认为，大多数不断进行的生产都不能算是真正意义上的生产。在他看来，只有当世间男人和女人都能真正自由地为生产而生产的时候，他们才算是在进行真正的生产。这样的愿望只有在共产主义制度下才能得到充分的实现。但是，我们也可以在艺术这种特殊化的生产形式中提前体味这种创造性。马克思写道，约翰·弥尔顿"出于同春蚕吐丝一样的必要而创作《失乐园》。那是他的天性的能动表现"。[1] 艺术反映的是一种未经异化的劳动，这也正是马克思乐于看待自己作品的方式。他曾经将自己的著作描述为构建"一个艺术的整体"，并且格外注重自己的文风（他的大多数追随者都不能做到这一点）。他对艺术的兴趣也并非停留在单纯的理论上，他本人创作过抒情诗、一部未完成的喜剧小说、诗剧片断以及大量未曾发表过的论艺术和宗教手稿。他还计划创办一份戏剧评论杂志，也想过要写一部美学专著。他在世界文学领域也具有广博的知识。

　　到目前为止，人类很少能从劳动中获得满足感。原因之一就是我们的劳动都是出于这样或那样迫不得已的原因，这些迫不得已的原因也包括仅仅为了糊口。而另一个原因则是，到目前为止劳动都是在阶级社会中进行的，所以劳动本身并不是目的而是为他人获取权力和利益的工具。对于马克思和他的精神导师亚里士多德来说，美好的生活都是由人们为自己而从事的活动所组成的。最好的事情就是仅仅找乐子的事情。我们之所以做这些事情，是因为它们属于人类这种动物自我实现的需要，并不是为了

1　　马克思：《剩余价值理论》（伦敦，1972 年），第 202 页。

责任、习俗、感情、威权、物质必然性、社会效用或者出于对万能的主的敬畏。例如，我们完全没有理由非要在彼此的陪伴中获得快乐。但是，当我们真的在彼此的陪伴中获得快乐的时候，我们就从中意识到了人作为"类存在物"的一种重要行为能力。而在马克思看来，这和种土豆一样都是一种生产形式。团结是人类政治变革至关重要的条件，但是团结的最终目的正是团结。这在下面这段出自《1844 年经济学哲学手稿》的动人话语中体现得淋漓尽致：

> 当共产主义的手工业者联合起来的时候，他们首先把学说、宣传等视为目的。但是，他们也同时产生一种新的需要，即交往的需要，而作为手段出现的东西则成了目的。
>
> 当法国社会主义工人联合起来的时候，人们就可以看出，这一实践运动取得了何等辉煌的成果。吸烟、饮酒、吃饭等等在那里已经不再是联合的手段，不再是联系的手段。交往、联合以及仍然以交往为目的的叙谈，对他们来说是充分的；人与人之间的兄弟情谊在他们那里不是空话，而是真情，并且他们那因劳动而变得坚实的形象向我们放射出人类崇高精神之光。[1]

这样，在马克思的心目中，生产意味着人们意识到了在变革现实的行动中人类所拥有的巨大力量。马克思在《政治经济学

---

[1] 马克思：《1844 年经济学哲学手稿》（*Economic and Philosophical Manuscripts of 1844*），载《马克思恩格斯选集》（纽约，1972 年）。

批判大纲》中提出，真正的财富是"百分百地实现人类的创造潜力……例如，将人类的潜能作为目的加以发展，而不是按照预先设定的标尺去衡量它"。[1] 他又在《资本论》中写道，超越阶级历史之后，"作为目的本身的人类能力的发展，真正的自由王国，就开始了"。[2] 马克思著作中的"生产"一词包括了所有自我实现的活动：吹长笛、吃桃子、就柏拉图的思想与人争辩、跳苏格兰里尔舞、发表演说、参与政治或者给孩子办生日聚会，等等。它并不包含什么肌肉发达、大男子气概等含义。马克思说生产是人性的本质，但是他的意思并不是说人性的本质就是包装香肠。我们所熟知的劳动是他称之为"praxis"（实践）一词的异化形式，praxis 源于古希腊语，意思是一种自由的、自我实现的改造世界的活动。在古希腊时代，这个词指的是一个自由人的任何活动，与奴隶的活动相对应。

然而，只有狭义的经济才能允许我们超越经济。资本主义通过重新配置资源为我们积累起了巨大的财富，社会主义可以大大降低经济的重要性。经济不会消失，但它将变得不那么显眼。享受充足的产品意味着不必时刻为钱操心。它让我们获得去从事一些不那么单调乏味的追求的自由。所以，马克思并非痴迷于经济问题，而是将它们看作一种对人类真实潜力的嘲弄。在他所期待的世界里，经济将不再占据我们如此多的时间和精力。

我们的祖先为了物质生活而奔波忙碌，这是可以理解的。在经济剩余很少或者几乎不存在的情况下，你如果不去无休无止地

---

1   马克思：《政治经济学批判大纲》（*Grundrisse*）（哈蒙兹沃思，1973 年），第 110 — 111 页。

2   马克思：《资本论》第一卷（纽约，1967 年），第 85 页。

辛勤劳动就只能等待死亡。然而，资本主义创造出来的经济剩余确实可以用来大大提升人类的休闲时间。颇具讽刺意味的是，资本主义创造这些财富的方式恰恰需要不停地积累和扩张，也就意味着持续的劳动。同时，资本主义创造财富的方式还滋生了贫穷和困苦。这是一个自相矛盾的制度。结果，生活在现代社会的男人和女人们坐拥狩猎人、奴隶和封建雇农做梦也想不到的物质丰裕，然而其工作时间和艰辛程度与这些先人们相比却丝毫没有减少和降低。

马克思的著作全部关乎人类的享受。在他看来，美好的生活不是过一种劳动生活，只有闲暇处才是生活。自由的自我实现就是"生产"的一种形式，这毋庸置疑；但是，这种生产是不能建立在强制基础之上的。如果世间的男人和女人都只把时间花在从事他们自己喜欢的事情上，休闲也就成为一种必然。这样，令人惊奇的是，马克思主义对那些地地道道的懒汉和游手好闲之人加入自己的行列似乎并没有太大的吸引力。然而，这正是因为要实现这一目标就必须付出巨大的努力；只有辛勤工作才能获得闲暇。

第六章　驳马克思主义机械唯物论

反　　马克思是一个唯物主义者。他认为除了物质什么都不存在。他对人性的精神向度毫无兴趣，认为人类意识仅仅是对物质世界的反映。他极端蔑视宗教，认为道德仅仅是一个"为达目的不择手段"的问题。马克思主义完全无视人性中那些最可宝贵的东西，将我们还原为受我们所处的环境所决定的了无生气的物质和材料的堆砌。很显然，马克思主义对人性的冷漠蔑视，导致了斯大林等马克思的信徒们犯下了不可饶恕的暴行。

组成这个世界的究竟是物质、精神还是新鲜奶酪，并非马克思日思夜想的重大问题。马克思对这种形而上学的抽象概念不屑一顾，并且将其斥责为无聊的抽象推理。作为有关现代性的最令人惊叹的智者之一，马克思十分厌恶那些异想天开的观念。那些认为马克思是一位冷酷无情的理论家的人，忘记了他还是一位浪漫主义的思想家，他以怀疑的眼光看待抽象的概念，对具体而微的事物则满怀热情。在他看来，抽象即简单又平淡无奇；唯有具体才是丰富和复杂的。因此，无论唯物主义对马克思意味着什么，唯物主义都不是一个以世界由什么组成的问题为中心的理论。

但是，这正是 18 世纪启蒙运动的唯物主义哲学家对唯物主义的理解之一。他们中的一些人认为，人类只不过是物质世界的机械运动而已。然而，马克思本人认为这种思想是纯粹的意识形态，原因之一就是它把世间的男人和女人都置于一种被动的状态之中。人们的精神被视为一张白纸，仅仅从外部物质世界获得感官印象。人们根据这些印象再形成观念。这样一来，如果这些印象能够被巧妙地控制用以生产"正确的"观念，人类就能稳步迈向一个完美的社会状态。这并不是一件与政治无涉的事情。我们所讨论的观念恰恰就是中产阶级思想家精英们所说的观念，那些中产阶级思想家提倡的是个人主义、私有财产、自由市场，以及正义、自由和人权。通过这种改变精神的进程，他们希望以一种家长式统治的方式去影响普通人的行为。很难想象马克思能认同这样一种唯物主义。

当然，这并非马克思之前唯物主义哲学的全部内涵。然而，在马克思看来，它是一种与中产阶级的财富紧密联系在一起的思维方式。正如马克思在《关于费尔巴哈的提纲》和其他著作中所阐述的那样，他的唯物主义是完全不同的，并且他自己也充分意识到了这一事实。他知道他正在与旧的唯物主义决裂，正创造出一种全新的唯物主义。对于马克思而言，唯物主义的出发点应该是人类的真实属性，而不是我们可能会艳羡的某种虚无缥缈的理想。我们首先是一种实际的、物质的、有形体的生物。其他的或可能的属性都是从这一基本事实中衍生出来的。

马克思大胆创新，在驳斥中产阶级唯物主义所宣扬的被动人类主体观念的同时，创造出了主动人类主体的观念。所有哲学都必须以此为出发点：无论人类还有什么别的属性，他们首先是有行为能力的人。他们是通过改变周围物质环境而改变自我的生物；他们并非历史、物质抑或精神的走卒，而是具有主动和自决能力的生物，能够创造自己的历史。这意味着，相比于启蒙时期的知识精英主义，马克思的唯物主义是民主的。只有通过大多数人集体的实践活动，才有可能改变那些支配我们生活的思想观念，因为这些思想都深植于我们的实际行为之中。

从这个意义上讲，与其说马克思是一位哲学家，倒不如说他是一位反哲学家。事实上，埃蒂安·巴利巴尔[1] 把他称为"或许是现代最伟大的反哲学家"。[2] 反哲学家指的是那些对哲学抱有戒心的人——这并不是说布拉德·皮特[3] 可能在某种意义上就是这种人，而是出于一些有哲学趣味的原因对哲学感到不安。反

---

1 埃蒂安·巴利巴尔（Etienne Balibar），1942 年生，法国马克思主义哲学家。——译者注

2 埃蒂安·巴利巴尔：《马克思哲学》（*The Philosophy of Marx*）（伦敦，1995 年），第 2 页。

3 布拉德·皮特（Brad Pitt），1963 年生，美国好莱坞著名影星、电影制片人。——译者注

哲学家们倾向于提出一些质疑观念的观念。虽然他们在大多数情况下都是完全理性的，但是却不倾向于相信一切都应归结于理性。马克思的某些唯物主义观点是从费尔巴哈那里学来的，费尔巴哈认为任何真正的哲学都必须以其对立面，也就是非哲学为起点。他说，哲学家必须接受这样一个事实，即"人类身上有一些东西是无法用哲学的观点进行考量的，是与哲学和抽象观念完全相对立的"。[1] 他还评论道："是人在思考，而不是自我意识或者理性。"[2] 正如阿尔弗雷德·施密特所指出的："任何主体性理论都有一个前提：把人看作一种有需要的、感性的生理存在。"[3] 换句话说，人类的意识是有形的——这并不是说它就是人的身体而已，而是说它是一种标志，表明人的身体永远是未完成的、开放的，永远有能力从事与当下所显现出来的相比更多的创造性活动。

我们一边行动一边思考，因为我们就是这种类型的动物。如果说我们的思维在时间上具有延续性的话，那是因为我们的身体和感官知觉的运作方式也在时间上具有延续性。哲学家有时怀疑，机器是否也会思考。机器或许真的会思考，但是它的思考方式肯定与我们完全不同。这是因为机器的物质构成跟我们截然不同。例如，机器就没有身体方面的需要，也没有像人类那样与这些需要紧密相连的情感生活。人类的思维离不开感官、实践和情感语境。正因为如此，倘若机器真能思考，我们可能也无法理解

1　转引自阿尔弗雷德·施密特：《马克思的自然观》（伦敦，1971 年），第 24 页。

2　同上，第 26 页。

3　同上，第 25 页。

它们在想些什么。

被马克思摒弃的那种唯物主义哲学，在很大程度上带有空想性质。它的典型特征就是一个被动、孤立而脱离了肉体的人类主体冷漠地审视着一个孤立的客体。正如我们所看到的，马克思不认同这样的主体；同时他也坚持认为，人类认知的客体并非永恒不变或既定的，它更有可能是人类自身历史活动的产物。因此，就像我们必须将主体重新视作一种实践一样，我们也必须把客观世界重新视为人类实践的产物。而这就意味着客观世界在原则上是可以被改变的。

首先以人类是积极的实际存在为出发点，然后将人类的思想置于这一语境中加以思考，这就有助于我们看清楚一些令很多哲学家困惑不已的问题。相对于在这个世界上埋头工作的人们而言，那些悠闲地站在一旁潜心思考的人更容易怀疑这个世界的客观存在。事实上，怀疑论者本身的生存也要依赖于这个世界的客观存在。倘若没有一个供养他们的物质世界，他们就会死亡，他们的怀疑也将与他们一道消亡。如果你认为人类在现实面前是被动的话，这也可能使你产生对这个世界是否存在的怀疑。这是因为我们往往是通过体验事物对我们需要的抗拒来确认它们的存在的，而这种体验的获得主要来自我们的实践活动。

哲学家有时会提及"他心"的问题。我们怎么知道我们碰到的人的身体内拥有像我们一样的"心"呢？唯物主义者会回答说，要是他们的"心"与我们的不同，我们可能连在这里提出这个问题的机会都没有。倘若没有社会合作，也就不可能存在维持我们生命的物质生产，而我们同其他人交流的能力在很大程度上就是我们所说的"有心"。有人也许可以说，"心"是用来描述某种特殊身体行为的方式，这种特殊的身体是有创造力的、有意义的并且是好交际的。我们不需要窥探他人的大脑深处或者用电线将他们的脑袋与机器连在一起，也可以知道他们是否具备"心"这种神秘的实体。我们只需观察他们的行为就可以做到这一点。意识并不是什么幽灵现象，而是我们看得到、听得到并且能够把握的东西。人的身体由物质堆砌而成，但是人体又具有特殊的创造力和表达能力，而这种创造力正是我们称之为"心"的东西。所谓人类的理性，就是指他们的行为能揭示出一种有意义的模式。启蒙时期的唯物主义者将世界归结为一团死气沉沉、毫无意义的物质，他们因此受到了应有的指责。马克思的唯物主义恰恰与之相反。

唯物主义者对怀疑论者的反驳还不足以把他们驳倒。你总是可以辩称，我们对社会合作的体验或者对世界反抗我们的规划的体验，本身都是不可信任的。也许这些事都是出于我们的想象。但是，如果我们以唯物主义精神看待这样的问题，就能够获得全新的见解。比如，我们就可能明白那些始于并且往往又止于脱离肉体之心的知识分子们，为何无法理解心与身体的关系，也无法理解心与其他人的身体的关系。这或许是因为他们看到的是心与世界之间存在着一条不可跨越的鸿沟。这颇具讽刺意味，因为恰恰是世界形塑他们自身心灵的方式导致了他们这种观念的产生。知识分子本来就是一个有点远离物质世界的群体。只有依靠社会的物质剩余，才有可能产生诸如牧师、圣贤、艺术家、顾问和牛津大学导师这样的专业精英。

柏拉图认为，哲学需要一个有闲的贵族精英阶层。如果每个人都不得不工作才能维系社会生活的运转，那么文学沙龙和学术团体这样的机构就不可能存在。象牙塔将会如部落文化中的保龄球馆那般稀有（在发达社会中，象牙塔也同样稀有，因为大学已经变成了公司资本主义的组成部分）。由于知识分子不需要像瓦工那样劳作，所以他们就认为他们自身和他们的观念是独立于其他社会存在而存在的，这就是马克思主义者所说的"意识形态"一词涵盖的众多内容之一。这种人往往看不到他们跟社会之间的距离本身就是社会的产物；思想独立于现实的偏见本身也是社会现实所塑造的。

在马克思看来，我们的思想是在改造世界的过程中形成的，这是由我们的身体需要所决定的物质必然性。有人或许会说，思考本身也是一种物质必然性。思考与我们身体的欲望是密切相关的，这种关系也适用于尼采和弗洛伊德。意识是我们自身和我们所处的物质环境相互作用的结果，它本身就是历史的产物。马克思写道，人性是由物质世界"确立的"，因为只有跟物质世界建立联系我们才能利用自己的力量并且证实力量的存在。正是现实的"他者性"以及现实对我们对其所作规划的反抗，才使得我们第一次获得了自我意识，而这首先意味着意识到他者的存在。正是因为有了他者的存在，我们才得以成为我们自己。个人身份认同是社会的产物。不可能只存在一个孤立的个人，就如同不可能只有一个数字一样。

然而，与此同时，我们应该意识到这种现实是我们自己亲手劳动的产物。如果看不到这一点，而把现实视为某种自然的、无法解释的和独立于我们自己活动之外的东西，那就是马克思所说的异化。他的意思是说，"异化"是指这样一种境况：我们忘记了历史是我们所创造的，反而逐渐被历史所控制，犹如被一股异类的力量所操纵。德国哲学家尤尔根·哈贝马斯[1]写道：对于马克思而言，世界的客观性"植根于……以行动为导向的人类身体组织之中"。[2]

从某种意义上讲，意识总是"姗姗来迟"，正如理性总是在孩子身上姗姗来迟一样。甚至早在我们开始进行反思之前，我们就已经处于一个物质的语境之中了；不管我们的思想看起来有多么抽象化和理论化，本质上讲都是由这个事实塑造出来的。是哲学唯心主义忘记了实践是我们思想的根基。如果把观念从物质语境中剥离出来，就可能产生是思想创造了现实这样的错觉。

所以马克思认为，我们的理性推理与肉体生命之间存在着密切联系。人类的感觉即代表着两者之间的某种界限。相比之下，在一些唯心主义哲学家眼中，"物质"是一回事，观念或"精神"则完全是另一回事。马克思认为，人的身体本身就是对这种截然两分的驳斥；更确切地说，是行动中的人的身体驳斥了这一观点。因为，实践显然是一种物质的事务，但它又有其不可分割的另一面，即它是一种有意义的、有价值的、有目标的、有意识的事务。如果说实践是"主观的"，那它同时也是"客观的"。也许，所有这些有关实践的区隔都应该加以质疑。以前的一些思想家认为精神是主动的，感觉是被动的。然而，马克思却认为，人类的感觉本身就是主动地与现实建立联系的形式，是人类长期与物质世界互动的结果。他在《1844 年经济学哲学手稿》中这样

1　尤尔根·哈贝马斯（Jürgen Habermas），1929 年生，德国作家、哲学家、社会学家，法兰克福学派第二代旗手。由于其思想庞杂而深刻，体系宏大而完备，哈贝马斯被公认为是"当代最有影响力的思想家"。——译者注

2　尤尔根·哈贝马斯：《知识与兴趣》（Knowledge and Human Interests）（牛津，1987 年），第 35 页。

写道："人的五官感受是一切历史发展的产物。"

洛克和休谟[1]等思想家从感觉入手；相比之下，马克思则提出了感觉本身来自哪里的问题。答案是这样的：我们的生物需要乃是历史的基础。我们拥有历史，因为我们是有需求的生物，就这个意义而言历史就是我们的自然属性。按照马克思的观点，自然与历史是同一枚硬币的两面。然而，当我们的需要被历史裹挟之时，它们就会经历变化。比如，在满足某种需要的同时，我们发现自己又创造出了新的需要。在这整个过程之中，我们的感官生活就形成了并且变得高雅起来。所有这一切之所以会发生，是因为我们的需要被满足之时就必然涉及欲望，不过这个问题还是留给弗洛伊德去解决吧。

这样，我们的故事就有了一个开篇。事实上，是我们开始成为故事了。动物没有欲望，不能从事复杂的劳动，不能进行精心的交流，它们总是不断重复自己之前的行为；它们的生活是由自然循环所决定的。它们不会为自己创造出一种叙事，这种叙事就是马克思所说的自由。在马克思看来，具有讽刺意味的是，虽然这种自决能力是人类的本质特征，但是历史上的绝大多数男人和女人都无法运用这一能力。他们根本没有被允许成为一个完整的人，相反他们的生活基本上被沉闷的阶级社会循环所决定。为什么会这样以及如何予以矫正，正是马克思的工作的全部意义所在。这是一个涉及我们如何从必然王国到自由王国的问题；这意味着我们将变得越来越不像獾而越来越像我们自己。马克思把我们带到了自由的入口，然后留下我们自己去"修行"。否则，它

1　大卫·休谟（David Hume，1711—1776年），苏格兰哲学家、历史学家、经济学家。——译者注

如果你要避免陷入哲学家的二元论，只需要看一看人类的实际行为方式即可。从某种意义上说，人体就是一种物质客体，部分属于自然，部分属于历史。但是，它又是一种独特的客体，与白菜和煤桶完全不同。其中一个原因是，它具有改变自身环境的能力；它也能把自然转变为自身的某种延伸，这是煤桶所做不到的。人类的劳动把自然转化为我们身体的延伸，这就是我们所知的文明。人类社会的所有机构，从艺术画廊到鸦片烟馆，从赌场到世界卫生组织，都是具有生产能力的身体的延伸。

同时，它们也是人类意识的体现。马克思写道，"人类工业是一部关于人类意识以及感官感知的人类心理学的开放之书"[1]，而马克思这里所说的"工业"指的是最为广泛意义上的工业。身体之所以能做这些事情，是因为它拥有超越自己的能力——改造自身及其所处的环境，并与同类建立起复杂的关系。这个开放式的过程就是我们所知的历史。而做不到这一点的人体就是我们所说的尸体。

白菜也做不到这一点，不过它们也没有这么做的必要。它们是纯粹的自然实体，没有我们在人类身上发现的种种需要。人类能创造历史，是因为他们是生产性生物。但是他们也不得不这么做，因为在稀缺条件之下他们必须不断进行生产和再生产以维持其物质生活。这正是促使人类生生不息地从事这些活动的动力所在。人类拥有出于物质必然性而创造出来的历史。在物质丰裕

---

1   马克思和恩格斯：《德意志意识形态》（伦敦，1974 年），第 151 页。

的情境之下，我们依然会拥有历史，但这个"历史"的含义跟我们迄今为止所知的历史的含义完全不同。我们只能通过社会手段——集体生产我们的生产资料——满足我们的自然需要。而自然需要的满足又会引发新的需要，新的需要再继续引发其他新的需要。所有这一切我们称之为文化、历史或文明的东西，都植根于人的身体及其物质条件，而人的身体是有其自身需要去满足的。这不过是经济乃是我们全部生活的基础的翻版。经济属性是人类生物属性与社会属性之间的重要纽带。

这就是人类何以拥有历史的原因；同时，这也是我们所说的"精神"的含义。精神事物并不是脱离身体而超凡脱俗之物。富有的资产阶级往往把精神问题视为远离日常生活、高高在上的独立领域，因为他们需要一个远离自己的粗鄙物质主义的藏身之处。这样看来，麦当娜这样的拜金女郎会被卡巴拉（犹太神秘主义）所吸引，也就不足为奇了。相比之下，马克思认为"精神"是一个关于艺术、友谊、乐趣、同情、欢笑、性爱、反抗、创造力、感官愉悦、义愤和富裕生活的问题。（然而，他有时确实玩得过头了。他曾经和几个朋友从牛津街一直走到汉普斯特德路，每到一个酒吧就进去喝一杯，而且还因为投掷铺路石砸街灯而遭到警察追赶。[1]这样看来，他关于国家的压制性质的理论并不是抽象的推断。）正如你可能会想到的那样，他在《路易·波拿巴的雾月十八日》一书中从社会利益的角度讨论了政治问题，但是他也雄辩地写道：政治表达的是"旧有的回忆、个人的仇怨、忧虑和希望、偏见和幻想、同情和反感、信念、信条和原则"。而所有这一切都出

1　参见亚历克斯·卡利尼柯斯:《卡尔·马克思的革命观念》(*The Revolutionary Ideas of Karl Marx*)（伦敦和悉尼，1983 年），第 31 页。

自于一个被反马克思主义者污蔑为冷漠的没有人情味的思想家的人之口。

我以上列举的所有精神活动都与身体密切相关，这是因为我们人类就是这样的一种生物。任何与我的身体无关的事情都与我无关。当我在电话中和你交谈时，虽然我们没有身体上的物理接触，但是我的身体形象却活生生地呈现在了你的面前。哲学家路德维希·维特根斯坦说，只要看看人的身体，便可知晓灵魂的模样。和亚里士多德一样，马克思认为快乐是一种实践活动，而非一种精神状态。根据犹太传统——身为犹太后裔的马克思并不信仰犹太传统——"精神"就是为饥饿者提供食粮，欢迎外来移民以及保护穷人免受富人的暴力伤害。它不是日常世俗存在的对立面，而是世俗生活的一种特殊方式。

有一种身体活动将"精神"体现得尤为明显，那就是语言。如同整个身体一样，语言是精神或人类意识的物质体现。马克思在《德意志意识形态》一书中写道："语言和意识具有同样长久的历史，语言是一种实践的，既为别人存在并仅仅因此也为我自己存在的、现实的意识。语言也和意识一样，只是由于需要，由于和他人交往的迫切需要而产生。"[1] 意识完全是社会的和实践的，这就是为什么语言成为意识的最高标志的原因。我之所以可以被视为一个有心之人，那是因为我生来就与其他人一起共同继承了意义的遗产。马克思还认为"语言本身是一定共同体的产物，正像从另一面说，语言本身就是这个共同体的存在，而且是它的不言而喻的存在一样"。他指出，哲学语言是被歪曲了的现实世界

1　马克思和恩格斯：《德意志意识形态》（伦敦，1974 年），第 51 页。

的语言。思想和语言决非仅仅存在于它们自己的领域之中，而是真实生活的反映。就算是最高深的概念也可以最终追溯至我们的共同存在。

如此说来，人的意识需要丰富的物质环境。那些以人的意识为出发点的哲学往往忽略了这一点，这是一种想当然的错误。[1]传统哲学的着眼点太过肤浅。它忽视了观念产生的社会条件、情感因素、权力斗争以及物质需要。它不会提出"这个人类主体源自何处"或者"这个客体何以诞生"等典型问题。在思考之前，我们必须先吃饱肚子。而"吃饭"一词涉及整个社会生产方式的问题。此外，我们还必须首先降生到这个世界上。而"出生"一词开启了一个由血缘、性欲、父权制、有性繁殖等构成的庞大领域。在我们开始对现实进行反思之前，我们已经在实践和情感上与其密不可分，并且我们的思考也总是在这一语境中进行的。正如哲学家约翰·麦慕理[2]所言："我们对世界的了解从根本上讲就是我们这个世界上的一个行为向度。"[3]马克思在《评阿·瓦格纳的"政治经济学教科书"》中以海德格尔式的文风写道："人们决不是首先'处在这种对外界物的理论关系中'。"[4]在我们进行推理之前，许多事情必须事先就位。

从另一种意义上说，我们的思想也同样与世界密切相连。它不仅仅是现实的"反映"，其自身也是一种物质力量。马克思主

---

1 这个短语（beg too many questions）当然不是"提出很多问题"的意思。一些读者之所以会这样理解同《牛津英语词典》的解释有关。

2 约翰·麦慕理（John Macmurray，1891—1976年），苏格兰道德与宗教哲学家。——译者注

3 约翰·麦慕理：《作为行为主体的自我》（*The Self as Agent*）（伦敦，1957年），第101页。

4 转引自乔恩·埃尔斯特（Jon Elster）：《理解马克思》（*Making Sense of Marx*）（剑桥，1985年），第64页。

义理论本身并不仅仅是对世界的评论，也是一个改变世界的工具。马克思自己有时候好像也认为思想仅仅是物质条件的"反射"而已，但是这样的观点没能对马克思那些更为敏锐的洞见作出公正的评价。他的一些理论——人们通常所说的"解放理论"——完全可以成为这个世界中的一种政治力量，而不仅仅是解释世界的一种方法。因此，这就赋予它们一种不寻常的特征。这意味着，这些理论将事物的现状与其可能的状态联系在了一起。它们不仅描述了这个世界的现状是什么样子，并且同时帮助世间的男人和女人改变了他们理解世界的方式，而这又将反过来帮助人们改变现实。一个奴隶知道他是奴隶，但是只有当他知道了自己为什么是一个奴隶，才迈出了不再为奴的第一步。因此，在描述事物现状的同时，"解放理论"也提供了一种超越现实并迈向更理想状态的方法。这些理论从事物的现实状态出发告诉人们事物的理想状态是什么样子，从而使世间的男人和女人能够以怀疑的眼光看待自己和自己所处的环境，并最终使他们能够重新描述他们自己。就这个意义而言，理性、知识和自由之间存在着密切的关系。某些知识就对人类的自由和幸福至关重要。当人们依据这些知识行事时，他们就会更深入地抓住事物的本质，进而更为有效地依据这些知识行事。我们理解得越多，我们所能做的事情也就越多；但在马克思看来，真正重要的理解唯有通过实践斗争方能获得。就如同吹奏大号是一种实践知识一样，政治解放亦是如此。

正是出于这个原因，我们就应该有所保留地看待马克思著名的有关费尔巴哈的第十一条提纲的论述。[1] 他在那本书中写道：哲学家仅仅解释了世界，而问题在于改变世界。但是，如果你不能解释世界又如何能够改变世界？从某种特殊的角度来看，解释世界的力量难道不就是政治变革的开端吗？

马克思在《德意志意识形态》中写道："是社会存在决定了社会意识。"或者如路德维希·维特根斯坦在其著作《论确定性》（*On Certainty*）一书中所说的那样："我们的语言游戏植根于我们的行为之中。"[2] 这种说法具有重要的政治影响。比如，它意味着如果我们想要彻底改变我们的思维和感觉方式，我们就必须改变我们的行为。教育或者变心是不够的。我们的社会存在限制了我们的思想，唯有通过改变这种社会存在——也就是我们的物质生活形态——方能打破这些限制。仅靠冥思苦想是不可能超越束缚我们思想的这些限制的。

但是，这难道不是一种错误的二分法吗？倘若"社会存在"指的是我们做的事情，那么它无疑已经涉及意识。这里并不存在一个分水岭，好像意识在一边，而我们的社会活动在另一边。你不可能毫无意义地并且在无意之中去投票、接吻、握手或剥削移民劳工。我们不会把缺少意义和没有意图的行为称为人的

1　《关于费尔巴哈的提纲》，马克思于 1845 年春在布鲁塞尔写成的批判费尔巴哈的十一条提纲，论述的中心是实践问题。马克思在批判费尔巴哈和一切旧唯物主义的基础上概述了自己的新的世界观。——译者注

2　有关这两位思想家之间关系的两部有趣的研究专著，参见大卫·鲁宾斯坦（David Rubinstein）：《马克思与维特根斯坦：知识、道德与政治》（*Marx and Wittgenstein: Knowledge, Morality and Politics*）（伦敦，1981 年）；G. 基钦和奈杰尔·普莱曾茨（G. Kitching and Nigel Pleasants）编辑：《马克思与维特根斯坦》（*Marx and Wittgenstein*）（伦敦，2006 年）。

行为，就如同我们不会把跌跤或肚子咕咕叫称为有目的的行为一样。我认为马克思不会否认这一事实。正如我们所看到的那样，他认为人类的意识是体现在，即化身于实践行为之中的。即便如此，他依然认为在某种意义上物质存在是比意义和观念更本性的东西，而意义和观念是可以用物质存在来解释的。我们又该如何理解这种论断呢？

我们已经看到，其中的一个答案是：思考是人类的一种物质必然性，正如简单的思维对于海狸和刺猬来说也同样是一种物质必然性一样。我们之所以需要思考，是因为我们就是这样一种物质动物；我们是具备认知能力的生物，因为我们是一种物质存在。在马克思看来，认知行为与劳动、工业和实验密切关联。他在《德意志意识形态》中写道："思想、观念和意识的生产最初是直接与物质活动，与人们之间的物质交往，与现实生活的语言交织在一起的。"[1] 倘若自然会把美味佳肴直接送入我们感激不尽地张大的口中，或者一辈子只需要吃一次东西（打消这个念头吧），那么我们可能也不需要进行太多的思考了。那样的话，我们只要躺下来享受就可以了。但是很遗憾，自然实际上要吝啬得多，人们也不得不为了满足身体的需求而永无止境地努力。

那么，首先是我们的身体需要塑造了我们的思维方式。在这个意义上，思想并非是至高无上的，尽管许多思想乐意这么认为。马克思声称，在其后的人类发展阶段，思想变得愈发独立于身体需要之外，而这就是我们所说的"文化"。文化产生之后，我们才可以为了思想本身而热爱思想，而不是为了思想的生存价

1　马克思和恩格斯：《德意志意识形态》（伦敦，1974年），第47页。

值。贝托尔特·布莱希特[1]曾说，思想可以成为一种真正的感官愉悦。即便如此，无论你把理性拔高到何种程度，生物需要依然是它卑微的源头。正如弗里德里希·尼采所教导的那样，理性与我们行使控制自然的权力密切相关。[2]对我们所处环境进行实用控制的驱动力——一件攸关生死的大事，构成我们全部更为抽象的智力活动的基础。

在这个意义上，马克思的思想带有某种狂欢的性质，尼采和弗洛伊德的思想亦是如此。卑劣一直都是潜藏于高尚之中的一个阴影。正如批评家威廉·燕卜荪[3]所言："最优雅的欲望存在于最朴素的欲望之中，若非如此，这种欲望就是虚假的。"[4]在我们最高尚的观念的最深处，是暴力、匮乏、欲望、食欲、稀缺和侵略。这就是我们所说的文明的秘密阴暗面。特奥多·阿多诺形象地称之为"在文化的基石之下充斥着的恐怖"。[5]瓦尔特·本雅明[6]写道："阶级斗争……是一场争夺粗鄙的物质事物的斗争，没有

1　贝托尔特·布莱希特（Bertolt Brecht, 1898—1956年），德国诗人、戏剧家、舞台导演。布莱希特创立并置换了叙事戏剧，或曰"辩证戏剧"的观念。在表演方法上提出"间离方法"，要求演员与角色之间保持一定的距离，不要把二者融合为一，演员要高于角色、驾驭角色、表演角色。——译者注

2　马克思在《关于瓦格纳的边注》（Notes on Wagner）一书中，以鲜明的弗洛伊德语言风格谈到了人类先是通过痛苦和欢乐来区分客体，然后才学会了按照是否能够满足我们的需要来区分客体。同尼采的观点一样，马克思也认为知识开始成为一种控制这些客体的形式。就这样，马克思和尼采把知识和权力联系到了一起。

3　威廉·燕卜荪（William Empson, 1906—1984年），英国诗人，著名文学批评家。——译者注

4　威廉·燕卜荪：《田园诗的几种变体》（Some Versions of Pastoral）（伦敦，1966年），第114页。

5　特奥多·W. 阿多诺：《棱镜》（Prisms）（伦敦，1967年），第260页。

6　瓦尔特·本雅明（Walter Benjamin, 1892—1940年），德国哲学家、文学批评家。——译者注

它们，优雅的精神事物也不可能存在。"[1] 我们应该指出的是，本雅明在这里并不是否定"优雅的精神事物"的价值，马克思也没有。马克思所关心的是将它们置于历史语景之下。同许多带有狂欢情结的哲学家一样，马克思也是一位由衷不信任崇高观念的思想巨人。相比之下，传统的政客总是喜欢在公开场合高谈阔论理想，而在私底下却满口都是自私自利的物质主义。

我们已经触及了"社会存在"高于意识的另外一个含义。事实是，真正站得住脚的思想往往来自于我们所从事的真实的活动。实际上，社会理论家谈论的那种知识——他们称其为"隐性知识"——就是那些唯有通过实践方能掌握，且无法以理论形式传给他人的知识。你不妨试试向别人解释怎样用口哨的方式吹出爱尔兰民谣《丹尼少年》(Danny Boy) 的曲调。但是，就算我们的知识不是隐性知识，这一观点也仍然成立。你不可能仅靠一本自学教材去学拉小提琴，不可能抄起一把小提琴就能娴熟地演奏门德尔松的《e小调小提琴协奏曲》。在某种意义上，一个人对协奏曲知识的掌握与其实际演奏的能力是分不开的。

物质现实高于观念还有另外一层含义。当马克思谈到意识时，他所想到的并不总是隐含于我们日常活动中的观念和价值，有时候他想的是诸如法律、科学和政治等更加正式的概念体系。他认为，这些思想形式最终都是由社会现实决定的。实际上，这就是著名的而又饱受指责的马克思主义关于基础与上层建筑的学说。马克思用下面这段话概括出了这一理论：

1　转引自汉娜·阿伦特编辑：《瓦尔特·本雅明：启迪》(*Walter Benjamin: Illuminations*)（伦敦，1973年），第 256 — 257 页。

> 人们在自己生活的社会生产中发生一定的、必然的、不以他们的意志为转移的关系，即同他们的物质生产力的一定发展阶段相适合的生产关系。这些生产关系的总和构成社会的经济结构，即有法律的和政治的上层建筑竖立其上并有一定的社会意识形态与之相适应的现实基础。[1]

马克思所说的"经济结构"或"基础"，指的是生产力和生产关系；他所说的上层建筑，指的是诸如国家、法律、政治、宗教和文化这样的制度。在他看来，这些制度的功能在于支撑"基础"，也就是占主导地位的阶级体系。其中的一些制度，如文化和宗教，主要是通过生产使阶级体系合法化的思想来完成这一任务的，这就是所谓的意识形态。马克思在《德意志意识形态》中如此写道："统治阶级的思想在每一个时代都是占统治地位的思想。"因此，如果在一个蓬勃发展的封建社会中，带有强烈反封建色彩的思想反而大行其道，岂非咄咄怪事。正如我们所看到的，马克思认为控制物质生产的人往往也要控制精神生产。在当今这样一个报业大亨和媒体巨头大行其道的时代，马克思的这一论点甚至比在他那个时代还更有说服力。

鉴于马克思的基础 – 上层建筑模型一直备受一些批评者的抨击，甚至受到他的部分追随者的质疑，我准备在此顽固地为这一理论说几句好话。有一种批评意见认为，这种模式过于静态化，但是所有的模型都是静态的而且是简化的。马克思的意思并不是

1　马克思:《〈政治经济学批判〉序言》，载《马克思恩格斯选集》(伦敦，1968 年)，第 182 页。

说，社会生活存在两个截然不同的层面。相反，两者之间存在着大量互动。基础可以决定上层建筑，但是上层建筑对基础的存续也发挥着重要作用。没有了国家、法律体系、政党的支持，没有了媒体和其他领域的亲资本主义思想的影响，当前的产权体系很可能要比现在更加不稳定。在马克思看来，这种双向互动在前资本主义社会中体现得更加明显，在这些社会中，法律、宗教、政治、血缘和国家都至关紧要地参与了物质生产事务。

上层建筑也不会因为显得不够"真实"而处于次于基础的地位。监狱、教堂、学校和电视台同银行和煤矿一样真实。基础也许比上层建筑更加重要，但是从哪个角度看它更为重要呢？艺术要比发明一种新的巧克力棒更有利于人类的精神幸福，但是后者通常被视为基础的范畴，而前者则不是。马克思主义者会说，真正具有划时代意义的历史变革主要都是物质力量而不是观念或信仰带来的结果，那么从这个意义上讲，基础更重要。

观念和信仰可以产生令人生畏的影响力。但是唯物主义者声称，观念和信仰只有跟强大的物质利益结合在一起时，才能呈现出真正具有历史意义的力量。荷马或许是站在荣誉、英勇、天命之类的角度来看待特洛伊战争的，但是作为一位彻头彻尾的唯物主义者的古希腊历史学家修昔底德，则清醒地指出，正是因为资源的匮乏，再加上希腊人中断战争进行土地开垦和掠夺性远征的习惯才导致这场战争持续了这么长的时间。修昔底德还认为，整个希腊权力体系的根基是航海业的发展以及由此导致的商业和物质积累。所以，唯物主义的历史理论早在马克思之前就已经存在了。

还有相当数量的其他制度同时属于基础和上层建筑两个范

畴。美国的重生教堂既是意识形态的动力工厂，也是一桩利润颇丰的生意。出版、媒体和电影业也同样如此。美国的一些大学不仅是知识工厂，也是庞大的商业企业。或者试想一下查尔斯王子，他存在的意义在很大程度上是激发英国民众对王室的敬意，但是他这样做的同时也创造出了可观的利润。

但是，整个人类存在难道就一定不可以被分割为基础和上层建筑两个不同的部分吗？的确不能。还有无数的事物既不属于物质生产也不属于所谓的上层建筑。语言、性爱、胫骨、金星、悔恨、跳探戈和北约克郡沼泽地等，仅仅是其中的一些例子。我们已经看到，马克思主义并非涵盖一切的终极理论。不错，我们的确有可能在不经意间发现阶级斗争和文化之间最不可能的一些联系。性爱跟物质基础有关，因为它经常导致潜在的新劳动力资源——孩子的产出。在 2008 年经济衰退期间，牙科医生发现下巴痛的患者人数显著上升，这是人在压力之下咬紧牙关的结果。在灾难面前咬紧牙关，显然并不仅仅是个比喻。当小说家马塞尔·普鲁斯特[1] 尚在母亲的子宫里时，巴黎公社社会主义革命的爆发让其身处上流社会、性格文雅的母亲非常忧虑。一些人猜测，这种忧虑正是普鲁斯特终身患有哮喘病的根源所在。还有一种理论认为，普鲁斯特悠长蜿蜒的句子，是对其呼吸困难的一种心理补偿。如此看来，普鲁斯特的句法和巴黎公社之间存在一种关系。

如果这种模型表明，上层建筑从存在伊始事实上就是为了

---

[1] 马塞尔·普鲁斯特（Marcel Proust，1871—1922 年），20 世纪法国最伟大的小说家之一，意识流文学的先驱与大师。——译者注

履行它正在履行的功能，那就大错特错了。就国家而言，这种观点或许适用，但是艺术就很难说了。我们也不能认为，学校、报纸、教堂和国家的所有活动都支持现行的社会制度。当学校教导孩子如何系鞋带或者电视台播报天气预报时，他们的行为并没有"上层建筑意味"；他们不是在支撑生产关系。虽然国家会派遣特种部队用棍棒驱逐和平示威者，但是警察也会搜寻失踪的儿童。当八卦小报谴责移民时，它们的行为就具有了"上层建筑意味"；而当它们报道交通事故时，它们的行为很可能就没有了"上层建筑意味"。（然而，交通事故报道也总是可以用来反对现行制度的。据说在英国老牌共产党报纸《工人日报》的编辑部内，编辑在收到交通事故的报告材料时，会得到这样的指示："同志，请给这条消息配上阶级的视角。"）因此，宣称学校、教堂或电视台属于上层建筑范畴，是会起误导作用的。我们或许可以认为上层建筑并非某个地方，而是一系列实践。马克思本人可能并没有这样思考过上层建筑问题，但是这对改进他的论点也是有用的。

任何事物都可用来支撑现行制度，从总体上讲这可能没有错。如果电视台天气预报员轻描淡写地报道一场即将到来的龙卷风——否则这条消息可能使观众情绪消沉，而无精打采的公民决不可能像快乐的人那样努力工作——那么他就是在充当统治势力的代理人。（奇怪的是，有些人认为忧郁具有政治破坏性，尤其是在带有病态乐观情绪的美国。）然而，就总体而言，我们可以说这些制度的某些方面是这样行事的，在另外一些方面则不然。或者说，某些方面在某些时候是这样行事的，在其他时候则不然。比如说，一种制度在星期三可能是"上层建筑"，在星期五则可能不是。"上层建筑"一词要求我们把某种实践置于特定语境之中。它是一个表述关系的术语，探究的是一种活动相对于另一种活动所具有的功能。正如哲学家 G.A. 柯恩[1]所称，上层建筑是从经济的角度对非经济的制度作出的解释。[2]但是，上层建筑没有对所有这些制度，或者这些制度参与的所有活动，或者这些制度当初为什么会产生等问题作出解释。

即便如此，马克思的观点也比其字面意思更加尖锐。它不仅仅是在宣称某些事物是上层建筑而某些事物不是，就如同说某些苹果是黄褐色的而某些不是。而是说，如果我们审视阶级社会的法律、政治、宗教、教育和文化，我们就将发现，它们的大多数行为都是为现行社会秩序提供支持的。这其实应该是我们意料之中的事。没有哪个资本主义文明的法律是禁止私有财产的，也没有哪个资本主义文明会向小孩子们灌输经济竞争的邪恶本性。确实，许多艺术和文学作品是对现状持深刻批评态度的。雪莱、布莱克、玛丽·沃尔斯通克拉夫特、艾米莉·勃朗特、狄更斯、乔治·奥威尔和 D.H. 劳伦斯都不是统治阶级的无耻代言人。但是，如果我们观察一下英国文学的整体状况，我们就会发现它对社会秩序的批评很少扩展到对于财产制度的质疑。在《剩余价值理论》一书中，马克思谈到了他所说的"自由的精神生产"——他把艺术归于此类——以有别于意识形态的生产。更准确的说法可能是：艺术同时涵盖了这两者。

在托马斯·哈代的小说《无名的裘德》（*Jude the Obscure*）中，主人公裘德·福雷 (Jude Fawley) 是一位居住在牛津工人阶级居住区杰里

1　G.A. 柯恩（Gerald Alan Cohen，1941—2009 年），马克思主义政治哲学家，分析马克思主义学派创始人之一。主要著作有《卡尔·马克思的历史理论：一种辩护》《历史、劳动和自由》等。——译者注

2　G.A. 柯恩：《历史、劳动和自由》（*History, Labour and Freedom*）（牛津，1988 年），第 178 页。

科（Jericho）的穷工匠。他曾这样反思道：他的命运不是寄托在这所大学的尖塔和四方院之上，而是寄托在"自己身在其内的劳动者中间，同他们一块儿在自己也寄居的穷街陋巷中安身立命。尽管观光者和颂扬者根本不承认他们是这个城市的一部分，然而若没有那儿的栖居者，勤奋的读书人固然读不成书，高尚的思想家也无法生活"（第二部第6小节）。这些酸楚的语句所表达的是否就是马克思的基础－上层建筑学说？不尽然。这些带有唯物主义思想的语句让人们注意到一个事实：没有体力劳动就没有脑力劳动。对于杰里科区的"基础"而言，牛津大学就是"上层建筑"。如果学者们不得不成为自己的厨师、水管工、石匠、印刷工，等等，他们就没有时间从事研究工作。任何一项哲学工作都是以一支无名的体力劳动者大军为前提的，每一支交响曲和每一座大教堂亦如此。但正如我们已经看到的，马克思的观点并不仅限于此。并不仅仅是说，你想研究柏拉图就必须先吃饱肚子，也是说，物质生产的组织方式往往会影响你对柏拉图的看法。

牛津大学里人们的思想很活跃，这一事实并不重要；重要的是牛津大学里那些活跃的思想的本质。同其他人一样，牛津的学者也发现他们的思想是由他们那个时代的物质现实塑造出来的。他们中的大多数人不可能以挖私有产权或者社会秩序必要性之墙脚的方式，去阐释柏拉图或者同样去阐释其他作家。所以，当裘德给牛津一所学院的院长写了一封充满渴望的信，询问他如何才能成为那里的学生时，他才会收到这样一封回信，告诫他说像他这样的工人与其读书倒不如做工生活得更好。（具有讽刺意味的是，哈代本人很可能同意这个说法，尽管他的理由跟小说中给出的理由有所不同。）

上层建筑为什么具有存在的必要性呢？请注意，这是一个不同于我们为什么会有艺术、法律或宗教的问题。后者的答案有许多种。这个问题的实质其实是："为什么会有如此多的艺术、法律和宗教为现行制度的合法性进行背书？"答案可用一句话概括："基础"具有自我分化的特性。由于这个基础涉及剥削，它就必然带来大量冲突。而上层建筑的作用就是规范和认可这些冲突。上层建筑之所以至关重要，正是因为剥削的存在。要是剥削不存在，我们依然会有艺术、法律，甚至也有可能有宗教，但是它们将不再具有这些臭名昭著的功能。相反，它们很可能摆脱这些限制，并因而变得更加自由。

基础－上层建筑模型是一个垂直模型。但是我们也可以从水平方向对其进行思考。如果我们这样做的话，那么基础就可以被视为对政治可能性的外在限制。即便所有其他的改革都已经被接受，基础还是会抵制我们的要求，决不会屈服。因此，这一模型具有政治上的重要性。向那些认为只要改变人们的观念或建立一个新的政党就能改变社会基本面的人展示下述事实或许是有益的，即这些事物虽然往往有着重大意义然而却并非世间男人和女人生活的最终依靠。他可能会据此将他的精力重新放到某个更有希望获得成效的目标上。经济基础是社会主义政治持续发展的最终障碍。用美国人的话说就是底线。由于美国人所说的底线有时指的是金钱，这就等于向我们展示在这片自由的土地上有多少公民在不知不觉之中成了马克思主义者。几年前的一件事更是让我对此有了清晰的认识。那一次，我和美国中西部一所州立大学文学院的院长一起开着车从一片繁茂的玉米地旁经过，他瞟了一眼这片郁郁葱葱的庄稼，说道："今年的收成应该不错。看来又要产生几个新的副教授了。"

唯物主义者并不是没有灵魂的生物。或者说，即使他们真的没有灵魂，那也不一定是因为他们是唯物主义者而造成的。马克思本人就是伟大的中欧传统培养出来的一位非常有教养的人。他曾希望能早点完成被他尖刻地称为"经济学废话"的《资本论》，好腾出时间撰写一部关于巴尔扎克的宏伟著作。但是，他的愿望最终还是没有实现——这是他的不幸，也许对我们来说却是大幸。他曾经表示，他为撰写《资本论》牺牲了他的健康、幸福和家庭，但是如果他对人类的苦难置之不理，那他就只能算是一头"牛"而已。[1] 他也注意到，还没有人像他那样写了如此多关于金钱的论著却又如此一钱不名。作为一个男人，马克思有激情、好讥讽、喜幽默，充满热情，和蔼可亲，能言善辩，不屈不挠，曾经顽强地经受住了极端贫困和慢性疾病的考验。[2] 当然，他是一位无神论者，但是并非只有信教之人才能成为精神导师。马克思的著作中充满着犹太教的一些伟大主题——正义、解放、安宁与富足的主宰、清算日、作为解放叙事的历史，以及不仅是个体的而且是所有无依无靠的贫苦之人的救赎——不过是以适度世俗化的形式出现的。同时，他也继承了犹太人对偶像、迷信以及奴化幻想的敌意。

提到宗教我们需要指出，世界上有信奉犹太教的马克思主义者，有信奉伊斯兰教的马克思主义者，还有支持所谓解放神学的

1　参见 S. H. 瑞格比：《恩格斯与马克思主义的构建》（*Engels and the Formation of Marxism*）（曼彻斯特，1992 年），第 233 页。

2　参见弗朗西斯·惠恩（Francis Wheen）关于马克思的优秀传记作品《卡尔·马克思》（*Karl Marx*）（伦敦，1999 年）。

信奉基督教的马克思主义者。他们都是货真价实的马克思所说的唯物主义者。实际上，马克思的女儿埃莉诺·马克思（Eleanor Marx）说过，马克思曾经对她的母亲说，如果她想"满足她的形而上学的需要"，她就应该在犹太教先知那里，而不是在她有时参加的世俗主义团体那里去寻找。[1] 马克思主义的唯物主义并非一套诸如"万物是由原子构成的"或者"上帝并不存在"这样的关于宇宙的声明，而是一种探讨历史如何发挥功用的理论。

与他的犹太遗赠相一致，马克思是一位不屈不挠的道德思想家。他不仅打算在完成《资本论》后再撰写一本关于巴尔扎克的书，还计划创作一本关于伦理学的著作。如此看来，那种将马克思视为一个冷血的非道德论者，只会用纯粹的科学方法解释社会的偏见也就不攻自破了。我们很难从下面这段话中感受到他是这种人：资本主义社会"撕毁了人与人之间的所有真实纽带，取而代之的是利己主义和自私需要，把人的世界分解为一个由原子化的个体构成的、彼此敌对的世界"。[2] 马克思相信，支配资本主义社会的伦理观——只有对我有利可图，我才为你服务——是一种令人厌恶的生活方式。我们不会这样对待我们的朋友和孩子，那么我们为什么要把它视为在公共领域与他人交往的最自然的方式呢？

诚然，马克思经常谴责道德。然而，他所谴责的是那种忽视物质因素而强调道德因素的历史探究。严格地讲，马克思谴

---

1   参见马克思斯·比尔（Max Beer）：《世界社会主义五十年》（Fifty Years of International Socialism）（伦敦，1935 年），第 74 页。我要感谢马克·穆荷兰德（Marc Mulholland）为我提供了这一参考资料。

2   汤姆·博托摩尔编辑：《诠释马克思》（Interpretations of Marx）（牛津，1988 年），第 275 页。

责的不是道德，而是道德主义。道德主义把被称为"道德价值"的东西从其所处的整个历史语境中剥离出来，继而传递一种绝对的道德判断。相比之下，真正的道德探究应该调查人类处境的各个向度，拒绝把人的价值、行为、血缘关系和气质性格跟塑造它们的社会及历史力量割裂开来。这样，才能既避免绝对的道德判断又避免纯粹的科学分析。真正的道德判断需要尽可能缜密地审视所有的相关事实。从这个意义上讲，马克思本人是一位真正符合亚里士多德传统的道德家，尽管他自己可能并没有意识到这一点。

此外，他确实赞成亚里士多德的伟大传统——道德并不是一个主要涉及法律、义务、守则和禁令的问题，而是一个如何以一种最自由、最完整、最能实现自我的方式生活的问题。对马克思而言，道德说到底就是如何享受自我的问题。但是，既然没有人能够孤立地生活，所以伦理学也就不得不与政治牵连在一起。在这一点上，亚里士多德持有相同的观点。

的确，精神是超脱尘俗的东西，但是也并不像在牧师们眼中那么超尘脱俗。将来，社会主义者希望建立的是一个全新的世界，以替代那个显然已经"过期"的世界。如果你不能从这个意义上超凡脱俗，那么很显然你需要好好看一看你周围的世界了。

第七章　驳马克思主义阶级痴迷论

反　　马克思主义最为过时之处在于它对阶级的无聊痴迷。马克思主义者似乎没有注意到，自马克思写作的那个年代以来，社会阶级的图景已变得面目全非。特别是马克思主义者幻想会给我们带来社会主义的工人阶级，几乎消失得无影无踪。我们生活在一个阶级越来越不重要的社会世界里，流动性越来越大，在这里谈论阶级斗争就如同谈论在火刑柱上烧死异教徒那样不合时宜。革命工人和戴着大礼帽的邪恶资本家一样，都是马克思主义者的凭空想象。

我们已经看到，马克思主义者不相信乌托邦。这就是为什么他们不会仅仅因为如今的首席执行官们可能会穿运动鞋、听"暴力反抗机器"[1]、求员工叫他们"小可爱"，就相信社会阶级已经从地球上一扫而光了的幻想。马克思主义的"阶级"并非是以风格、地位、收入、口音、职业或墙上挂的是鸭子还是德加[2]的画作来定义的。几个世纪以来，社会主义的男人和女人一直在战斗，有时甚至付出了生命，并不仅仅是为了终结势利行为。

美国有一种相当离奇的"阶级主义"概念，它似乎想说明阶级主要是一个态度问题。中产阶级应该停止蔑视工人阶级，就像白人应该停止自以为比非洲裔美国人更优越一样。但是，马克思主义却不是一个态度问题。阶级之于马克思，就如同德性之于亚里士多德，并不是一个"你感觉如何"的问题，而是"你在做什么"的问题；它是一个关于你在某一特定生产模式中所处位置的问题——你是奴隶、自雇农、佃农、资本拥有者、金融家、出卖劳力者，还是小业主，等等。马克思主义并没有因为伊顿公学的学生们说话时不再发出"h"音，或者王室的王子们在夜店外面的阴沟里呕吐，或者一些更古老的阶级区分形式已经被一种名为金钱的万能溶剂溶解得模糊不清而宣告破产。欧洲上层社会以追捧

---

1 "暴力反抗机器"（Rage Against the Machine），美国一支重金属摇滚乐队，组建于1991年。一直以来，他们用自己"尖锐、好斗、富有争议性的音乐"，佐以带有口号性质的先锋左翼观点，加上鲜明的反对美国在经济上和文化上的帝国主义、霸权主义和弥漫在美国的种族壁垒，制造出混合着朋克摇滚、嘻哈、鞭笞金属的像燃烧弹一样的独特音乐风格。——译者注

2 埃德加·德加（Edgar Degas，1834—1917年），法国画家、雕塑家。曾在巴黎艺术学院学习绘画，受到安格尔的很大影响。——译者注

米克·贾格尔 [1] 为荣这一事实，也并没有迎来一个无阶级的社会。

我们已经听到了许多有关工人阶级已经消失的言论。然而，在我们探讨这一主题之前，想象一下一个很少有人谈论过的问题——如果传统的中产阶级上层或者中上层阶级消失了会怎样呢？正如佩里·安德森 [2] 所说，马塞尔·普鲁斯特和托马斯·曼等小说家笔下那些令人难忘的男人和女人现在已经绝迹。安德森写道："总的说来，波德莱尔或马克思，易卜生或兰波，格罗茨或布莱希特（甚至萨特或奥哈拉）所认识的资产阶级已经成为过去。"然而，社会主义者听闻这个讣告之后，也大可不必过分激动，因为就像安德森接着写道的那样，"取代坚固的竞技场的是浮动的、形式瞬息即变的水族馆——当代资本的规划人和经理人，审查者和看护者，提供者和投机者：在一个不知社会固定性和稳定性为何物的金融世界里承担着各自的功能。"[3] 阶级的构成一直在改变，但是这并不意味着阶级已经消失得无影无踪。

混淆差异、瓦解等级，把最多样化的生活形式杂乱无章地混合在一起，正是资本主义的本性。没有哪种生活形式比资本主义更加混杂和多元化。当涉及到底谁应该被剥削时，这一制度显示出令人钦佩的平均主义。它像最虔诚的后现代主义者那样反对等

1　米克·贾格尔（Mick Jagger），1943 年生于英国，滚石乐队创始成员之一，1969 年开始担任乐队主唱。——译者注

2　佩里·安德森（Perry Anderson），1938 年生，当代著名马克思主义史学家、思想家和活动家。与其同时代的大多数马克思主义者不同，安德森出生于一个富有的中产阶级家庭，他的父亲在 20 世纪 30 年代任职于中国海关。虽然生于伦敦，安德森却是在上海度过了自己的婴儿期。1962 — 1982 年担任《新左派评论》主编。被特里·伊格尔顿尊称为"英国最杰出的马克思主义知识分子"。著有《绝对主义国家的系谱》《西方马克思主义探讨》《后现代性的起源》《思想的谱系》等。——译者注

3　佩里·安德森：《后现代性的起源》（*The Origins of Postmodernity*）（伦敦，1998 年），第 85 页。

级划分，像最热切的圣公会牧师那样大度和包容。它处心积虑地不落下一个人。只要有利可图，黑人和白人、男人和女人、蹒跚学步的孩子和老人、韦克菲尔德的街区和苏门答腊的乡村，都是它压榨的对象，都会受到无可挑剔的公正对待。但是，造就这一平等现象的原因是商品模式，而不是社会主义。商品不会考察其潜在消费者在哪里上学，也不在乎她说话时带有什么口音，比如把 "basin"（盆地）读成 "bison"（野牛）。我们已经看到，它所施加给我们的东西正是马克思坚决反对的那种整齐划一性。

发达资本主义会孕育出无阶级的幻象，这并不奇怪。这并不仅仅是一种假象，资本主义将其真实的不公正掩藏其后；这是资本主义这头野兽的本性。即便如此，在现代办公室中随意着装展现出的友好氛围，跟在全球体系中财富和权力差距比以往任何时候都更大两者之间，仍然形成了鲜明对比。在某些经济部门，旧式的等级结构或许已经让位于分散的、基于网络的、团队导向的、信息富集的、直呼其名的和开领衬衫式的组织形式，但是跟以前相比，资本更加集中在少数人手里，贫困和一无所有的人数每个小时都在激增。虽然首席执行官们穿上了牛仔裤和运动鞋，但是这个星球上每天都有超过十亿人在挨饿。南半球的大多数特大城市都不过是疾病横行、过度拥挤、臭气熏天的贫民窟而已，贫民窟居民的人数达到了全球城市人口的三分之一，而城市穷人的数量至少占到了世界人口的一半。[1]与此同时，就在世界的命运正被少数只对其股东负责的西方公司所把持的时候，一些西方人士却以传道士般的热情向世界其他地方散布他们的自由民主。

1　参见麦克·戴维斯：《布满贫民窟的星球》（*Planet of Slums*）（伦敦，2006 年），第 25 页。

即便如此，马克思主义者也并非简单地像某人反对狩猎或者反对吸烟那样"反对"资产阶级。我们已经看到，没有任何人比马克思本人更加钦佩资产阶级取得的辉煌成就。例如，坚决反对政治专制、财富的大量积聚带来的普遍繁荣的前景、尊重个体、公民自由、民主权利、真正的国际社会共同体，等等，正是这些成就必将成为社会主义自身建设的必要基础。阶级历史的观点被人们采纳，而没有被简单地抛弃。我们已经看到，资本主义既是一股解放的力量也是一股灾难的力量。正是马克思主义而不是别的政治理论，试图审慎地描述资本主义，而不是要么盲目赞扬要么尖锐谴责这个制度。然而，资本主义赋予这个世界的强大礼物之一恰恰是工人阶级——这是一股资本主义为了自身利益而培养起来，却终将能够取代资本主义的社会力量。这就是马克思历史观的核心具有讽刺意味的原因之一。资本主义秩序诞下了自己的掘墓人，这一景象颇具黑色幽默的色彩。

马克思主义之所以把目光聚集到工人阶级身上，并不是因为它看到劳动者身上具有某种灿烂的美德。盗贼和银行家也在辛苦打拼，而马克思并不是因为赞赏这些人而闻名于世的。（然而，他的确写过入室行窃的问题，对他自己的经济理论进行了精彩的嘲弄。）正如我们所看到的，马克思主义希望尽可能地废除劳动，也并不因为工人阶级是最受人践踏的社会群体而赋予其如此重大的政治意义。社会上还有许多类似的群体——游民、学生、难民、老人、失业者和经常性失业的人，等等——他们经常比普通工人更加贫困。马克思主义者对工人阶级的兴趣，不会因为他们拥有了室内浴室和彩色电视而中止。工人阶级最具决定性意义的原因，在于他们在资本主义生产方式中所处的地位。只有那些身处这个制度内部，熟悉其运转方式，被这个制度组织起来成为一股既有技术又有政治意识的集体力量的人，才是这个制度成功运转不可或缺、却会从推翻这个制度中获得物质利益的人；只有他们才有可能最终接管这个制度并为了所有人的利益而运营它。没有哪一个好心的家长主义者或者哪一伙外部鼓动家能为他们做到这一点——这就是说，马克思对**工人阶级**（在他那个时代占据了大多数人口）的关注，与其对民主的深切崇敬是不可分割的。

马克思之所以赋予工人阶级如此重要性，原因之一在于，他认为他们肩负着解放全人类的重任：

> ［实现人类解放的前提在于］形成一个被彻底的锁链束缚着的阶级，即形成一个非市民社会阶级的市民社会阶级，一个表明一切等级解体的等级；一个由于自己受的普遍苦难而具有普遍性质的领域，这个领域并不要求享有任何一种特殊权利，因为它的痛苦不是特殊的无权，而是一般无权，它不能再求助于历史权利，而只能求助于人权……总之是这样一个领域，它本身表现了人的完全丧失，并因而只有通过人的完全恢复才能恢复自己。这个社会解体的结果，作为一个特殊等级来说，就是无产阶级。[1]

马克思认为，工人阶级在某种意义上是一个独特的社会群体。然而在马克思眼中，工人阶级受到的不公正待遇令其他各种类型的

1　马克思：《〈黑格尔法哲学批判〉导言》(*Contribution to The Critique of Hegel's Philosophy of Right*)，载《马克思恩格斯选集》(伦敦，1968 年)，第 219 页。

不公正（帝国战争、殖民扩张、饥荒、种族灭绝、对自然的掠夺，在一定程度上还包括种族主义和父权制）甚嚣尘上，工人阶级也因而具有了远远超出其自身领域的重大意义。就这个意义而言，它类似于古代因代表着一种普遍的罪恶而被驱逐出城的替罪羊，也正是出于相同的原因，它有能力成为一种全新的社会秩序的基石。因为工人阶级对资本主义制度来说既是必要的却又被其排斥在外，这一"不是阶级的阶级"就成了一道难解之谜。仅就其字面意思而言，工人阶级创造了社会秩序——资本主义的整个大厦都是建筑在他们默默无闻、持之以恒的劳动之上的——但它在这个秩序内却没有真正的代理人，其人性一面也没有完全获得承认。它既发挥了作用又一无所有，既特殊又普遍，既是公民社会的一个不可缺少的组成部分又是一种虚无。

由于社会的根基在这个意义上是自相矛盾的，工人阶级意味着资本主义社会秩序的整个逻辑开始瓦解和消融的时点。如果文明是一副扑克牌，工人阶级就是这副扑克牌里的王，一个既不在文明内部也不在文明外部的因素，在这里，那种生活方式被迫与构成它自己的矛盾相对抗。由于工人阶级在现状中并没有任何实在的利益，因此它在现状内部往往是部分无形的；但也正是出于相同的原因，它能够预见一种完全不同的未来。从"瓦解"社会的消极意义上讲，它是社会秩序难以真正容纳的垃圾或废品。从这个意义上讲，要将工人阶级重新纳入社会秩序之中，需要进行多么激烈的破坏和重建。但是，从更为积极的意义上讲，在当前社会瓦解之后，工人阶级一旦掌握政权，必将最终废除整个阶级社会。到那时，个体终将摆脱社会阶级的束缚，能够作为他们自己而蓬勃发展。就这个意义而言，工人阶级也具有"普遍性"，因为它在寻求改变自身境况的同时，也将拉下整个阶级社会叙事本身肮脏的帷幕。

　　那么，这里又出现了另外一个讽刺或矛盾——只有通过阶级才能战胜阶级。如果说马克思主义如此沉迷于阶级概念，那也只是因为它想摆脱阶级。马克思本人似乎把社会阶级视为异化的一种形式。把世间的男人和女人简单地称为"工人"或"资本家"，实际上是用一种平庸刻板的分类掩盖了他们独特的个性。但，这是一种只能从内部才能消除的异化。只有通过全面认识阶级，承认它是一个无法回避的社会现实而不是虔诚地希望其自动消亡，才有可能将其摧毁。这同样适用于种族和性别问题。但是仅仅把每一个个体都视为独一无二的是不够的，就像美国的自由派人士认为每个人（估计也包括地产大亨唐纳德·特朗普和波士顿杀人狂[1]）都是"特别的"那样。人们被匿名归类这一事实，在某种意义上讲是一种异化，但是在另一种意义上讲则是他们获得解放的条件。历史再一次由自己"坏的"一面所驱动。好心的自由派人士认为，"理想王国解放运动"的每一位成员都是独特的个体，但是他们却没有真正把握"理想王国解放运动"的目的。它的目的是要让理想王国的居民能够真正自由地做他们自己。然而，如果他们现在就能够做他们自己，也就不需要"解放运动"了。

　　从另一个层面来看，马克思主义在关注工人阶级的时候，目光已经远远超越了工人阶级本身。没有哪位有自尊心的社会主义者会相信，单靠工人阶级一己之力就能够推翻资本主义。唯有组成政治联盟，才可能完成如此艰巨的任务。马克思本人认为，工人阶级应该支持小资产阶级农民，特别是在法国、俄

1　波士顿杀人狂（the Boston Strangler），20 世纪 60 年代早期在美国波士顿市杀害数名妇女的连环杀人犯。手段极为残忍，全城为之震惊。——译者注

国和德国这些产业工人仅占少数人口的国家。布尔什维克就寻求建立了一个由工人、贫苦农民、士兵、水手和城市知识分子等组成的统一战线。

在这方面值得指出的一点是，最早的无产阶级并非男性蓝领工人阶级，而是古代下层社会的妇女。"无产阶级"源自拉丁语的"后代"一词，意指那些过于贫困而只能用子宫报效国家的女人。这些女人太过穷困潦倒，除了生产以孩子为形式的劳动力之外，没有任何其他办法为经济生活作出贡献：除了自己身体的果实之外，她们没有其他的产出。社会对她们的要求不是生产而是再生产（生殖）。所以，无产阶级最初恰恰是从那些被排除在劳动过程之外的人中产生的，而不是从处于劳动过程之中的人中产生的。然而，她们所要忍受的劳动却远比劈石头痛苦得多。

在当今时代，在第三世界的血汗工厂和农业劳动中，最典型的无产者依然是妇女。维多利亚时期由中下阶级男性从事的白领工作，现在成为女性工人阶级的主要工作，而她们的酬劳通常却要低于没有任何技术的男性体力工人。伴随着第一次世界大战之后重工业的衰落，是妇女满足了急剧增加的商店和文职工作对人力的需求。在马克思的时代，最大的工薪劳动者群体不是产业工人阶级，而是家庭佣工，其中大多数是女性。

工人阶级并不总是手持大锤的壮汉。如果你这样认为，地理学家大卫·哈维（David Harvey）的论断可能会让你大惑不解。他说："目前全球无产阶级的数量远远多于以往任何时候。"[1] 如果工人阶

1　转引自利奥·帕尼奇与科林·莱斯编辑：《当代共产主义宣言：社会主义纪事》（纽约，1998年），第68页。

级仅仅指的是蓝领工人，那么在发达资本主义社会中工人阶级的人数的确已经显著减少——尽管出现这种情况的部分原因在于，这类工作的相当一部分已转移到了地球上更为贫穷的地区。然而，全球产业工人的数量业已下降也是事实。但是，即便当英国还是世界工厂之时，制造业工人的数量也不及家庭佣工和农业劳动者多。[1] 体力劳动趋于减少和白领工作趋于扩展，并非什么"后现代"现象。恰恰相反，这种趋势可以追溯至 20 世纪初期。

马克思本人并不认为不得不从事体力劳动的人才算是工人阶级的一员。比如，他在《资本论》中把商业工人和产业工人置于同等位置，拒绝仅仅把所谓的生产工人——从直接生产商品这个角度而言——确定为无产阶级。相反，工人阶级包括所有被迫向资本出卖劳力、在资本的纪律压迫下苦苦挣扎、几乎没有或完全没有能力控制自身劳动条件的人。从消极的角度来说，我们可以把他们称之为资本主义垮台最大的受益者。在这个意义上，那些通常无熟练技术、工资少得可怜、工作几无保障、在劳动过程中没有发言权的下层白领工人，也应该归入无产阶级的行列。除了产业工人阶级外，还有白领工人阶级，后者包括大量没有任何自主权或职权的技术工人、文职人员和行政人员。我们应该记得，阶级并不仅仅是一个抽象的法律所有权问题，而且是一个利用自己控制他人的权力为自己谋利的能力问题。

那些急于宣告工人阶级已经消亡的人常用的一个论据，就是

1　我在文中引用的多种资料来源如下（但不限于这些来源）：亚历克斯·卡利尼克斯和克里斯·哈曼：《工人阶级的变迁》（伦敦和墨尔本，1987 年）；林赛·泽门（Lindsey German）：《一个阶级问题》（A Question of Class）（伦敦，1996 年）；克里斯·哈曼：《世界的工人》（The Workers of the World），载《国际社会主义》（International Socialism），第 96 期（2002 年秋）。

服务、信息和通讯业所取得的巨大发展。正如我们之前看到的，从工业资本主义到"晚期""消费主义""后工业"或"后现代"资本主义的转变，确实带来了一些显著变化。但是，我们也看到了这种变化并没有改变资本主义财产关系的根本性质。恰恰相反，这些变化大多有利于扩大和巩固这种财产关系。同样值得注意的是，服务业可能跟传统工业劳动一样又脏又累、令人厌烦。提到服务业，我们不光要想到高档厨师和哈雷街[1]的前台接待员，还应该想到码头、运输、垃圾处理、邮政、医院、清洁和餐饮等部门的工人。确实，就工资、控制和劳动条件而言，服务工人几乎与制造工人没有任何差别。在呼叫中心工作的人和在煤矿中辛苦劳作的人一样都受到了剥削。"服务""白领"这类标签往往模糊了比如飞行员和医院搬运工，或者高级公务员和酒店女服务员之间的巨大差异。正如政治学家朱尔斯·汤森[2]所评论的那样："把无法控制自身劳动、工作不稳定且工资少得可怜的低层白领工人排除在工人阶级之外，从直觉上看就是一种应该受到质疑的做法。"[3]

毕竟，服务业本身就涉及大量制造。如果说产业工人已让位于银行职员和酒吧女侍，那么所有的柜台、办公桌、酒吧、电脑和自动取款机又是从何而来的呢？服务员、司机、助教或电脑操作员之所以不能算作中产阶级，只是因为他们鼓捣不出有形的产

1 哈雷街（Harley Street），位于伦敦市中心马里波恩的一条大街。自19世纪始便因大量私人医生和私人诊所汇集于此而闻名于世。这条街因曾于1767年担任伦敦市长的托玛斯·哈雷（Thomas Harley）而得名。——译者注

2 朱尔斯·汤森（Jules Townshend），英国曼彻斯特大学政治哲学教授。——译者注

3 朱尔斯·汤森：《马克思主义政治学》（*The Politics of Marxism*）（伦敦和纽约，1996年），第237页。

品。就其物质利益而言，创造一个更平等的社会秩序能为他们带来的好处，跟受剥削程度最高的工资奴隶是一样的。我们也应该铭记，大量的退休人员、失业者和慢性病患者，他们跟临时工一样，都不是"正式"劳动过程的固定组成部分，但他们当然也应该归属工人阶级。

诚然，与资本主义使用技术手段从数量更少的工人身上榨取出更多的财富相伴而行的，是技术、行政和管理工作的急剧扩张。但是，这一现象并不是对马克思主义的驳斥，部分原因在于马克思本人早已细心地注意到了这一点。早在19世纪中叶，他就在其著作中提到了"数量持续增长的中产阶级"，而且还斥责正统政治经济学忽略了这一群体。这些男人和女人"位于工人和资本家中间"[1]——这句话应该足以打破那种认为马克思把现代社会的复杂性简化为两个极端分化的阶级的迷思。事实上，一位评论家认为，马克思在他所处的时代已经预料到了为人熟知的无产阶级将会大量消失。资本主义虽远未被饥民和流离失所之人推翻，但是先进科学技术不断应用于生产过程终将使其坠落，进而产生出一个由自由、平等的个体构成的社会。无论你如何评价对马克思的这种解读方式，毫无疑问马克思已经充分意识到了资本主义生产过程正在将越来越多的科技劳动者纳入其轨道。他在《政治经济学批判大纲》中写道："一般的社会知识［正在成为］一种直接的生产力。"这一论断预见到了今天的所谓信息社会。

然而，伴随技术和行政部门扩展的，是工人阶级和中产阶级

1　转引自汤姆·博托摩尔编辑:《诠释马克思》(牛津，1988年)，第19页。

之间的界限变得日趋模糊。全新的信息技术导致了许多传统职业的消失，经济的稳定性、固定的职业生涯结构以及从事某种职业的观念亦随之急剧萎缩。这就造成了一个后果，越来越多的专业人士被无产阶级化，产业工人阶级的某些分支则被再次无产阶级化。正如约翰·格雷所言："中产阶级发现，他们正重新陷入曾经让 19 世纪的无产者苦不堪言的经济不安全状况。"[1] 许多传统上被归为中下阶层的人士——教师、社会工作者、技术人员、记者、中层文职人员和行政官员——在日益趋紧的管理纪律压力下，已经被无情地卷入了无产阶级化的浪潮之中。这意味着一旦出现一场政治危机，他们很可能就会被吸引到真正意义上的工人阶级事业中来。

如果高级经理人、管理者和企业高管也愿意放弃各自的事业，对社会主义来说那当然是件再好不过的事情。马克思主义者丝毫不反对法官、摇滚明星、传媒大亨和将军们热情涌入他们的阵营。他们不会排斥鲁珀特·默多克[2] 和名媛帕丽斯·希尔顿[3]，只要他们俩能够适当悔改和长期自我惩罚。甚至马丁·艾米斯[4] 和汤姆·克鲁斯[5] 都可以获得某种初级的临时会员资格。只不过鉴于这些人的社会地位和物质财富，他们更有可能认同当前的制度。然而，出

---

1 约翰·格雷：《伪黎明：全球资本主义的幻象》（伦敦，2002 年），第 111 页。

2 鲁珀特·默多克（Rupert Murdoch），1931 年生，媒体大亨，新闻集团主席兼首席执行官。——译者注

3 帕丽斯·希尔顿（Paris Hilton），1981 年生，希尔顿集团创始人康拉德·希尔顿的曾孙女。——译者注

4 马丁·艾米斯（Martin Amis），1949 年生，英国作家，运动派诗人。——译者注

5 汤姆·克鲁斯（Tom Cruise），1962 年生，美国好莱坞著名影星。——译者注

于某种奇特的原因，如果终结现行制度符合时装设计师的利益而不符合邮政工人的利益，那么马克思主义者就会将他们的政治关注聚焦于时装设计师，而强烈反对邮政工人的进步。

　　结果是，形势决不像宣称"工人阶级已死"的空想家们所想象的那般清晰明了。在社会的最高层，是一群我们可以恰当地称之为统治阶级的人，虽然这决非一个邪恶的资本家阴谋集团。其成员类别包括贵族、法官、资深律师、神职人员、媒体大亨、军队高官、媒体评论员、高层政客、警官、公务员、教授（其中一些是政治叛徒）、大地主、银行家、股票经纪人、工业家、首席执行官以及公立学校校长，等等。他们中的大多数人自己并非资本家，但是却充当着——无论多么间接地——资本的代理人。不论他们是依靠资本、租金还是工薪收入生活，对此都没有影响。并非所有挣工资或薪水的人都是工人阶级，比如布兰妮·斯皮尔斯[1]之流。在这一最高社会阶层之下的，是一个由中产阶级经理人、科学家、行政管理人员和官僚等群体组成的社会阶层。在他们下面，则是一系列中下阶级的从业人员，如教师、社会工作者和初级管理人员。由此可见，真正工人阶级的阵营既包括体力劳动者也包括低层白领工人：文职、技术、行政、服务等行业的人员，等等。他们在世界人口中占据了相当大的比例。克里斯·哈曼[2]估计全球工人阶级的规模在二十亿左右，他们基本上都要受制于

1　布兰妮·斯皮尔斯（Britney Spears），1981 年生，美国流行歌曲天后。——译者注

2　克里斯·哈曼（Chris Harman，1942—2009 年），英国记者，政治活动家，曾任《世界社会主义》主编。——译者注

相同的经济逻辑。[1] 另一种估计是三十亿左右。[2] 工人阶级的消失看来并不像鲁肯勋爵[3] 那般成功。

人们也不应忘记这个世界上巨大的贫民窟人口，其数量正在以相当快的速度增长。即使住在贫民窟里的人目前在数量上还没有成为全球城镇人口的大多数，他们离成为大多数的那一天也已经不远了。这些男人和女人并非经典意义上的工人阶级的组成部分，但是他们又没有完全处在生产过程之外。他们往往在生产过程的内外之间来回漂移，通常从事的都是一些低工资、不需要熟练技术、不受保护的临时性服务工作，没有劳动合同，没有劳工权利，没有劳动章程，更没有讨价还价的力量。这一群体包括沿街叫卖者、皮条客、制衣工人、食品饮料小贩、妓女、童工、人力车夫、家庭佣人和小规模个体经营者。马克思本人对不同层次的失业者进行了划分。他对他那个时代的"流动"失业人口和临时工——马克思把这些人也算作工人阶级——的描述，听起来非常像如今的贫民窟居民的处境。虽然他们没有受到常规性的剥削，但是他们肯定在经济上受到了压迫。聚在一起，他们就成了世界上数量增长最快的社会群体。虽然他们很容易成为右翼宗教运动的炮灰，但是他们也可以掀起相当惊人的政治反抗行动。在当前的拉丁美洲，这种非正式经济已经雇佣了超过一半的劳动

1 　克里斯·哈曼:《世界的工人》，载《国际社会主义》，第 96 期（2002 年秋）。有关工人阶级的与之相反的观点，参见 G.A. 柯恩:《如果你是平等主义者，为何如此富有？》(*If You're an Egalitarian, How Come You're So Rich?*)（伦敦，2000 年）。

2 　佩里·安德森:《编者的话：危机随笔》(*Editorial: Jottings on the Conjuncture*)，载《新左派评论》，第 48 期（2007 年 11 月／12 月）。

3 　不熟悉英国上流社会犯罪情况的读者可能不知道：鲁肯勋爵（Lord Lucan）是（或曾经是）英国贵族，据信 1970 年他谋杀了他的家庭保姆，后销声匿迹至今。

力。他们组成了一个非正式的无产阶级，而且已经彰显出了相当高的政治组织能力。要是他们起来反叛自己的悲惨处境，世界资本主义制度的根基无疑将会动摇。

马克思认为，工人在工厂的聚集是其获得政治解放的先决条件。资本主义出于自利目的把工人们聚集到一起，从而为工人们建立自己的政治组织创造了条件，但这并不完全是资本主义制度统治者的初衷。没有工人阶级，资本主义就不能生存；而没有资本主义，工人阶级却能够更加自由地繁荣成长。虽然世界上超大城市的贫民窟居民并没有在生产这个环节上组织起来，但我们也没有任何理由认为工厂是地球上的穷苦人策划改变自身处境的唯一场所。像经典意义上的无产阶级一样，他们作为一个集体可能最有兴趣看到现行世界秩序的灭亡，因为除了锁链之外，他们也没有什么可失去的了。[1]

由此可见，工人阶级的消亡问题被大大夸大了。有些人认为，在激进圈层中已经出现了从阶级向种族、性别和后殖民主义的转换。我们稍后再审视这个问题。与此同时，我们应该指出，只有那些认为阶级就是工厂主穿长礼服而工人穿连裤工作服的人，才会接受工人阶级已经消亡这种非常愚蠢的观点。他们深信阶级已经如冷战一样寿终正寝，并因此把关注的焦点转移到了文化、身份认同、种族渊源和性别等问题上。然而，在当今世界，这些事物依然像过去那样同社会阶级紧密交织在一起。

1　这是斯拉沃热·齐泽克在《为失落的原因辩护》（*In Defense of Lost Causes*）一书中提出的观点。对当今贫民窟的精彩描述，参见麦克·戴维斯：《布满贫民窟的星球》（伦敦，2006 年）。

第八章　驳马克思主义暴力革命论

反　　马克思主义者倡导暴力政治行为。他们拒绝温和渐进式的变革进程，而选择血腥和混乱的革命。一小撮暴动者将揭竿而起，推翻政权并将他们自己的意愿强加给大多数人。这正是马克思主义与民主制度势不两立的原因之一。因为马克思主义者把道德蔑视为一种纯粹的意识形态，因此根本不会因为他们的政治给人们带来的伤害而感到不安。为达目的可以不择手段，无论多少生命可能会在这一进程中逝去也在所不惜。

革命观念通常会让人联想到暴力和混乱。在这方面，它与我们倾向于认为的和平、温和、渐进的社会改良形成了鲜明对比。然而，这种看法实际上是错误的。许多改良无所不用其极，唯独缺少和平。想一想美国的民权运动，它与革命相去甚远，却与死亡、殴打、滥用私刑和残酷镇压密不可分。在 18 至 19 世纪殖民统治下的拉丁美洲，任何一次自由主义的改良企图都引发了暴力社会冲突。

而与此形成鲜明对比的是，一些革命反而相对平和。"天鹅绒革命"[1] 和暴力革命都是存在的。1916 年的都柏林起义伤亡甚少，却最终导致了爱尔兰的部分独立。令人惊奇的是，1917 年的布尔什维克革命也并没有多少流血牺牲。事实上，占领莫斯科关键要地的整个过程没有发出一枪一炮。用伊萨克·多伊彻的话讲，由于一般民众对起义者的支持形成了压倒性的巨大力量，沙皇政府"被轻轻一推就不复存在了"。[2] 七十多年后苏维埃制度瓦解时，这个有着残酷冲突史的广袤国度轰然崩塌了，其流血杀戮甚至比在创立之时还要少。

的确，布尔什维克革命胜利之后，血腥内战便接踵而至。但这恰恰是因为右翼势力和外国侵略者发起了对新社会秩序的野蛮进攻，英国和法国军队在幕后对反革命的白军提供了不遗余力的支持。

马克思主义并不以暴力程度为标准来定义革命，也不认为革

---

1 "天鹅绒革命"，狭义上是指捷克斯洛伐克于 1989 年 11 月发生的民主化革命。从广义上讲，"天鹅绒革命"是指没有经过大规模的暴力冲突就实现了政权更迭，如天鹅绒般平和柔滑，故得名。——译者注

2 伊萨克·多伊彻：《斯大林》（*Stalin*）（哈蒙兹沃思，1968 年），第 173 页。

命必须是剧烈的动荡。俄国并没有在布尔什维克革命后的一夜之间就废除了市场经济和实现了全部工业的国有化。与此相反，市场和私有制在布尔什维克夺取政权后很长时间内仍然继续存在，在很大程度上布尔什维克人是以渐进主义精神来逐步将它们取消的。党内左派也是以相似的态度对待农民阶级的。依靠武力把他们赶进集体农庄当然不成问题，但与此相反，整个过程却采取了循序渐进和协商解决的方式。

一场革命通常需要长期的酝酿，可能历经数百年才能达成革命的目标。欧洲的中产阶级废除封建制也不是一朝一夕就实现的。夺取政权只在朝夕之间，但是改变社会传统、制度、情感习惯等却需要相当长的一段时间。你当然可以通过一纸法令实现工业的社会主义化，但是仅靠立法是不可能产生出在感觉和行为上不同于其祖辈的男人和女人来的。人的变化需要通过长期的教育和文化熏陶才能实现。

那些质疑这种改变的可能性的人，应该仔细认真地审视一下他们自己。我们这些生活在当代英国的人，本身就是一场长期革命的产物，这场革命最早可以上溯至17世纪，而革命成功的一个主要标志就是我们绝大多数人再也意识不到革命的那一刻。革命成功的结果就是最终抹去自己的所有印记。在这种情况下，革命会使得他们奋力争取换来的新局面显得自然而然。这有点类似于婴儿的降生：要表现为"正常"的人类，我们就不得不忘记自己出生时的痛苦和恐惧。无论对于个体还是国家而言，起始那一刻往往都是痛苦的。马克思在《资本论》中提醒我们说，现代英国就是建立在对由农民转变而来的无产阶级的剥削之上，它的每个毛孔都滴着血和肮脏的东西。正因为如此，如果马克思见证了斯大林如何强行对俄国农民实行城镇化，他一定会惊骇不已。多数政治国家都是通过革命、侵略、占领、篡夺或者（比如美国社会）灭绝而建立起来的，并且也都成功地从他们国民的头脑中抹去了那段血腥的历史。像以色列和北爱尔兰那样建国时间不长的国家，还来不及抹去它们不光彩的起源，因而也就很有可能遭受政治纷争的困扰。

如果我们自己都是一场高尚而成功的革命的产物，那么这个事实本身就是对保守派无理指责的有力驳斥。他们认为，所有的革命不是以失败收场，就是以恢复旧有的社会秩序告终，或者只会将事情变得糟糕千百倍，甚至导致骨肉相残的恶果。也许是我没有看到报纸上发表的公告，但是法国好像并没有恢复革命前的封建贵族制度，德国的容克地主 [1] 也并没有复辟。不错，比起大多数现代国家来，英国保留了较多的封建残余——如上议院和黑杖侍卫，但这在很大程度上是因为保留这些东西对中产阶级的统治来说是有用的。像君主制一样，这些封建残余散发着一种神秘的气息，据说能让人民大众适当地保持一颗敬畏之心。然而，大多数英国人并不觉得安德鲁王子 [2] 浑身散发着神秘莫测的魅力，这说明巩固权力还有其他更加可靠的办法。

当今世界西方国家的大多数人都会声称自己是反对革命的。这可能意味着他们反对某些革命，却支持另一些革命。革命和吃饭一样，谁都觉得别人碗里的更香。这些人大多数无疑会赞成18世纪末推翻英国统治的美国独立战争，赞成爱尔兰、印度、肯尼

1　容克地主，原泛指无骑士称号的贵族子弟，后来专指以普鲁士为代表的德意志东部地区的贵族地主，在德国从封建社会向资本主义社会过渡时期容克地主长期垄断军政要职，是德国军国主义政策的主要支持者。——译者注

2　安德鲁王子（Prince Andrew），1960年生，英国女王伊丽莎白二世的次子，约克公爵。——译者注

亚、马来西亚等殖民地国家的最终独立，但是他们大多数都不会为苏联集团的分崩离析而悲伤流泪。从斯巴达克斯奴隶起义到美国南方的奴隶起义，都会得到他们的认可，但是他们所支持的这些叛乱恰恰都充满了暴力——其中的一些与布尔什维克革命相比更是有过之而无不及。既然如此，那为什么人们不能更坦白地承认自己排斥的不是革命本身，而是社会主义的革命呢？

当然，世界上确实有一小部分人是和平主义者，他们排斥一切暴力。他们的勇气和原则性虽然常常受到公众的指责，但是确实值得我们钦佩。不过和平主义者不仅仅是憎恨暴力这么简单。毕竟除了少数施虐狂和精神变态者之外，所有人都反对暴力。那种仅仅声称对战争深恶痛绝的和平主义根本不值得一驳，因为这种每个人都认同的观点就算再有道理也太过无聊。真正值得我们探讨的是那些反对一切暴力的绝对和平主义者。也就是说，他们不仅排斥战争或者革命，并且认为可以用某种机敏的办法去击昏而非杀死一名潜逃凶杀犯，即便这个凶杀犯正准备用机关枪屠杀教室里的一群孩子。任何一个老师如果在能够用这样的方法制止凶杀犯的情况下没有这么做，那他在下一次家庭教师协会会议上就有得解释了。从这个词任何一个层面的严格意义上来讲，和平主义都是极其不道德的。在极端或者特殊情况下有必要使用暴力是人们一致接受的原则，就连联合国宪章都允许对占领当局开展武装反抗。不过，这种攻击行为要受到一些严格的限制：首先必须是出于防卫目的，必须是在穷尽一切手段都无效之后的最后办法，必须是制止重大邪恶问题的唯一方法，必须适当，必须有合理的胜算把握，不得殃及其他无辜者的性命，等等。

在马克思主义充满血雨腥风的短暂发展历程中的确产生了

不少可怕的暴力。斯大林就是难以想象的大规模屠杀的凶手。然而，我们已经看到，今天很少有马克思主义者寻求为这些可怕的罪行进行辩护，反而有许多非马克思主义者为德累斯顿和广岛的毁灭而辩护。[1] 我已经说过，同其他思想学派比起来，马克思主义对斯大林暴行产生的原因以及如何防范类似暴行再次发生，已经提供了更有说服力的解释和方法。那么，资本主义又有哪些罪行呢？比如第一次世界大战的血腥暴行，帝国主义国家为争夺领土把工人阶级士兵送上战场无谓地战死，这难道不是资本主义的罪行吗？资本主义的历史就是一部充满了全球战争、殖民掠夺、种族灭绝和本可避免的饥荒的历史，这还仅仅是它的部分恶行。如果说扭曲的马克思主义产生了斯大林主义国家，资本主义的极端突变则孕育了法西斯国家。19 世纪 40 年代的爱尔兰大饥荒导致上百万人失去了生命，这在很大程度上要归咎于当时的英国政府在救济政策不力的情况下还要坚持自由市场的法则。我们已经看到，马克思在《资本论》中写到英国的资本力量曾经长期而血腥地将农民从他们自己的土地上赶走时，丝毫没有掩盖自己的愤怒。这种暴力征地的历史就掩藏于现代英国宁静的乡村景色之下。与这段可怕的跨越相当长一段时期的英国历史相比，古巴革命那样的事件简直就像一场茶话会。

对于马克思主义者来说，对抗性是资本主义与生俱来的本性。这不仅仅适用于资本主义社会中的阶级冲突，也适用于资本

1　德累斯顿（Dresden）和广岛（Hiroshima）是第二次世界大战期间被破坏最严重的两个城市。德累斯顿是德国萨克森州首府，在第二次世界大战时，该城遭到盟军的大规模空袭，几被夷为平地。1945 年 8 月 6 日，美国空军在广岛上空投掷了原子弹，使广岛成为世界上第一个被原子弹严重破坏的城市。——译者注

主义国家之间为抢夺全球资源和势力范围而发起的战争。相比之下，国际社会主义运动最紧迫的目标之一却一直是和平。布尔什维克掌权之后，俄国马上就退出了第一次世界大战。社会主义者痛恨军国主义和沙文主义，他们在现代史上的每一次和平运动中都发挥了重要作用。所以，工人运动的目的不仅不是制造暴力，反而是要终结暴力。

马克思主义者也历来反对"冒险主义"，认为冒险主义就是鲁莽地以一小股革命者的微薄之力去对抗庞大的国家机器。布尔什维克革命不是由一小撮阴谋家秘密决定的，而是由受到广泛支持的代表机构——被称为"苏维埃"——公开选出来的个人决定的。马克思坚决反对那种由挥舞着干草叉对抗坦克的面色凝重的激进分子发起的模仿英雄慷慨赴死的起义。他认为，革命要取得成功必须具备相应的物质先决条件，这不是什么钢铁意志、无畏勇气的问题。在一场重大危机之中，如果统治阶级软弱而又分裂，社会主义力量强大而又组织高效，那你的胜算把握显然要高于政府强大而反对势力胆怯又四分五裂的状况。从这个意义上讲，马克思主张的唯物主义——他始终坚持对在社会中发挥作用的物质力量进行分析——和革命暴力问题之间是有联系的。

发生在英国的工人抗议活动大多数都是和平的，从"宪章运动"到20世纪30年代的"饥饿大进军"都是如此。总的说来，除非受到挑衅，或者形势逼人，或者和平抗争的努力显然已经失败，否则工人阶级运动是不会诉诸暴力的。这与争取妇女选举权的运动极为相似。劳动人民不愿看到流血冲突，这同他们的雇主时刻准备动用鞭子和枪炮形成了鲜明对比。人民手中并不掌握资本主义国家所掌握的强大军事资源。但是在当今世界上的很多地方，实施高压统治的政权时刻准备着拿出武器镇压手无寸铁的罢工和示威人群，这已经成为一种司空见惯的现象。就像德国哲学家瓦尔特·本雅明指出的那样：革命不是一列失控的火车，而是实施紧急制动。是资本主义在市场力量的无政府状态驱动下失去了控制，社会主义这才站出来，尝试用某种集体主义的方式控制住这头狂暴的野兽。

就算社会主义革命通常伴随着暴力，那在很大程度上也是因为有产阶级往往不会拱手让出他们的特权。即使是在这种情况下，我们也有理由相信暴力的使用能够被控制在最小的限度之内，因为马克思主义的革命不是政变，更不是自发的不满情绪的大爆发。革命的目的并不是搞垮一个国家。右翼军事政变才是那样，但是他们的行为并不是马克思主义者所说的革命。革命的完整定义是一个社会阶级推翻另一个社会阶级，代之以自己的新政权。

社会主义革命，就是组织起来的工人阶级与他们的所有盟友一起，从资产阶级和资本主义中产阶级手中夺取政权。但是，马克思认为工人阶级是当时资本主义社会中最大的阶级。所以我们这里谈到的是多数人的行为，而非少数人的叛乱。因为社会主义要的是一种广泛的自治，所以没有人能够代表你发起一场社会主义革命，就像没有人能够代表你成为专业扑克选手一样。G.K. 切斯特顿 [1] 写道：这种广泛的自决"就像是写情书或是擦鼻子。有些事我们想让人们自己动手去做，哪怕他们做得并不好"。[2] 我的仆人给我擦鼻子可能比我自己擦起来更有技巧，但这件事关系到我的尊严，所以我

1　G.K. 切斯特顿（G.K. Chesterton, 1874—1936 年），英国作家、文学评论家、神学家。——译者注

2　G.K. 切斯特顿：《回归正统》（*Orthodoxy*）（纽约，1946 年），第 83 页。

得自己做，或者说（即便我是查尔斯王子[1]）至少偶尔要自己做一下。革命不可能由密谋者的亲密先锋队传递到你的手上。列宁也坚持认为，革命不能被输出到国外并且用刺刀强加给别人，而斯大林在东欧就犯下了这样的错误。有这样一种艺术家，他们指导助手把一条鲨鱼制作成标本，然后这个作品就署上了他自己的名字（毫无疑问，小说家们很快也将会这样做），但是革命却必须亲力亲为。只有这样，那些力量曾经相对薄弱的人才能够逐步获得经验、技能和自信，继续努力直至实现彻底改造整个社会的目的。社会主义革命只能是民主的革命，而统治阶级才是非民主的少数派。所以，革命所不可或缺的广大群众从本质上讲又是防止滥用武力的最可靠的堡垒。在这个意义上，能够取得成功的革命往往都是使用暴力最少的革命。

这并不是说，革命不会在激起当局惊慌失措的时刻准备用恐怖手段应对当局对革命实施的血腥镇压。但是，即使是专制国家在一定程度上也要依赖于被统治者的被动赞同，无论这种赞同程度多么勉强和时间多么短暂。如果一个国家的人民长期心怀不满，而且对你没有丝毫的信任，那么你就不可能有效地统治这个国家。你可以在一段时间内把一些人关进监狱，但是却不可能把所有人永远关在监狱里。失信于民的国家也有可能苟延残喘相当长的一段时间，但是就连暴君们也会发现，他们最终还是厄运难逃。无论南非的种族隔离制度多么残酷血腥，它最终也意识到末日临头了。同样，波兰、东德、罗马尼亚和其他苏联控制下的国家的独裁统治，也都在

---

1 查尔斯王子（Prince Charles），英国王储，英国女王伊丽莎白二世和爱丁堡公爵菲利浦亲王的长子，英国第一顺位王位继承人。——译者注

20 世纪 80 年代走到了尽头。今天的阿尔斯特统一党人 [1] 在经历了多年的流血奋斗之后，也被迫认识到彻底排斥天主教徒的做法再也行不通了。

不过，马克思主义者为什么会依赖革命而不是议会制民主和社会改良呢？回答是：他们根本不依赖革命，或者说不完全依赖革命。只有所谓极左翼分子才会唯革命是从。[2] 布尔什维克人在俄国掌权之后发布的第一批法令之一就是废除死刑。做一个改良者还是做一个革命者，并不是像支持埃弗顿还是阿森纳那么简单。[3] 大多数革命者也都是改良的拥护者。不是旧式的改良，也不是作为政治万能药的改良主义。但是，革命者期望社会主义变革的到来不要像封建主义或资本主义的变革那样匆匆忙忙。革命者与严格意义上的改良主义者的不同之处，不在于比如说他们拒绝与主张关闭医院者作斗争，因为这将分散对无比重要的革命大事的注意力，而是说他们是以一种更为长远和更为彻底的眼光看待这样的改良。改良很重要，但是你迟早会碰到一个转折点，届时制度将拒绝为改良继续让路，在马克思主义那里，这被称为社会生产关系；或者用不太斯文的专业语言讲，一个掌握着物质资源又明显不情愿拱手让出这些资源的占主导地位的阶级。只有在那个时候，要改良还是要革命这种决定

1　阿尔斯特统一党（Ulster Unionist Party），北爱尔兰较温和的中右翼政党，1921 — 1972 年为北爱尔兰执政党。1999 年之后在所有政府层面的选举中均告失势。——译者注

2　在斗志昂扬的 20 世纪 70 年代，一个社会主义者的信念是否纯洁有时候会用他或她对后面这些问题的回答来衡量，如"如果你的同伴被谋杀了，你会用资产阶级的法庭来为他申冤吗？"或者"你打算为资产阶级媒体写文章吗？"然而，真正的纯洁论者或极左翼分子是这种人，当他们被问到"你会向资产阶级的消防队报火警吗"时，他们会毫不含糊地回答说"不"。

3　埃弗顿（Everton）和阿森纳（Arsenal），两者皆为英格兰超级联赛的足球俱乐部。——译者注

性的抉择才会隐约呈现。就像社会主义历史学家理查德·亨利·托尼[1]所说的那样，洋葱可以一层一层地剥，而虎皮就不能一个爪子一个爪子地剥了。然而，剥洋葱的比喻使得改良听起来过分容易了。大多数我们珍视为自由社会宝贵特征的改良——如普选权、免费全民教育、新闻自由、工会，等等——都是广大民众通过艰苦斗争换来的，尽管遭受了凶残的统治阶级的抵制。

革命者也不必然会反对议会制民主。如果议会制民主能够实现他们的目标，何乐而不为呢？然而，马克思主义者对议会制民主持有保留态度——不是因为它是民主的，而恰恰是因为它不够民主。议会是这样一种制度，普通民众被劝导将自己的权力永久委托给议会，但是他们对议会却几乎毫无控制能力。人们一般把革命看作民主的对立面，是隐藏在地下的少数人企图颠覆多数人意志的阴险活动。事实上，世间的男人和女人通过广受欢迎的委员会和大会来行使自身生存的权力，这一程序比现在所有可供选择的形式都要民主得多。布尔什维克人在其党内广开言路方面有着令人叹服的纪录，一党专政根本不是他们最初纲领的一部分。此外，我们在后文中还将看到，议会是国家的组成部分，而国家的作用从总体上讲就是确保资本对劳动力的统治权。这不仅仅是马克思主义者的观点。17世纪的一位评论家就曾说过，英国议会是"守护财产的堡垒"。[2]马克思指出，议会或国家到头来与其说代表了广大人民，不如说代表了私有财产的利益。我们已经看到，西塞罗对这一观点是由衷赞

---

[1]　理查德·亨利·托尼（R.H.Tawney，1880—1962年），英国经济学家，历史学家，积极的社会、政治活动家，改革家。——译者注

[2]　克里斯托弗·希尔（Christopher Hill）：《上帝的英国人：奥利佛·克伦威尔与英国革命》（God's Englishman: Oliver Cromwell and the English Revolution）（伦敦，1990年），第137页。

同的。在资本主义秩序中，没有哪个议会敢于对抗这些既得利益的可怕力量。假如议会太过激进地威胁说要对既得利益进行干涉，那就等着很快关门吧。若非如此，社会主义者就会把这种辩论庭视作推动他们事业的最重要的手段而不是众多手段之一了。

马克思似乎相信，在英国、荷兰和美国这样的国家，社会主义者会以和平方式实现他们的目标。他没有抛弃议会斗争和社会改良，也设想过一个社会主义政党可以通过得到占人口大多数的工人阶级的支持而取得政权的情况。马克思热情支持改良主义的组织——工人阶级政党、工会、文化协会和政党报纸等，还提出了许多具体的社会改良措施，比如扩大公民权利和缩短劳动时间。实际上，他一度非常乐观地认为，普选权就能从根本上颠覆资本主义统治。他的伙伴弗里德里希·恩格斯也非常看重和平的社会变革，期盼着一场非暴力的革命。

最可能爆发革命的地方恰恰是革命最难以为继的地方，这正是社会主义革命的问题之一。列宁从布尔什维克起义这一案例中就已经注意到了这一具有讽刺意味的事实。受到残酷压榨并且处在半饥饿状态的世间男人和女人会觉得，他们干革命已经没有任何东西可以再失去的了。另一方面，我们也都看到了，把他们逼上反抗之路的落后社会条件也是最不适合建设社会主义的。在这样的条件下，推翻一个国家可能更容易，但是你却不一定会掌管建立一个有望实现的新政权所必需的资源。安于现状的人是不会发动革命的，彻底丧失希望的人也不会革命。所以，社会主义者都面临一个棘手的问题，即世间的男人和女人只要还对自己所处的社会环境抱有一丝希望，他们就会极力反对改变现状。

马克思主义者有时也会因为工人阶级政治上的冷漠而被人嘲

笑。普通民众可能对日常国家事务不闻不问，因为他们认为这些事与己无关。但是，一旦国家试图关闭他们的医院，把他们的工厂迁到爱尔兰西部，或者在他们家的后院修建机场，他们马上就会拍案而起。这里也需要强调一点：某一特定的冷漠现象很可能是完全合乎理性的。只要一种社会制度还能给它的公民带来一点点的满足，他们就没有理由同现有的状态决裂，冒险步入一个完全未知的未来。这是一种情有可原的保守主义。

总之，绝大多数的人整天都忙于维持自己的生计，无暇顾及对未来的憧憬。社会混乱对他们说来并不是他们希望看到的事情，这是完全可以理解的。他们也不会仅仅因为社会主义听起来不错就欣然地接受它。只有当现状恶化的程度开始超过了激进社会变革必然带来的弊端之时，人们才有理由把眼光投向未来；只有当任何一种选择都优于现实状况之时，革命才会爆发。在这种情况下，不造反才不合情理。当资本主义为至高无上的私利摇旗呐喊了数百年，而它的打工仔们却突然意识到他们的集体私利正呼唤一种社会变革时，资本主义也就无话可说了。

改良和社会民主当然都能够收买革命。马克思在世的时候就目睹了这一过程在维多利亚时代的英国发生，但是他却没能活着见到它带来的全部影响。如果一个阶级社会能够向它的臣民施舍足够的残羹冷炙，它还有可能暂时维持下去。但是，一旦它连这一点都做不到，那就很可能（虽然并非不可避免）被它所压迫的人们推翻。为什么不呢？还有什么能够比连残羹冷炙都没有更糟糕的呢？在这个时候，把赌注押在一个不一样的未来上就成为再明显不过的理智行为了。虽然人类的理性并不能一路保持下去，但是当放弃现实而追求未来无疑会有利于自己的时候，我们还总是能够理智地意识到这一点的。

那些总是在问谁将摧毁资本主义的人，常常忘记了这一点：在某种意义上讲资本主义并不需要别人去摧毁它。即便它的反对者不施加哪怕丝毫的外力推动，它自身蕴含的矛盾就足以让它彻底土崩瓦解。实际上，仅仅在几年前这种情况就差一点出现。当资本主义制度整体内向破裂时，如果没有一个现成的有组织的政治力量及时提出一个可供选择的方案，其结果将更可能导向野蛮社会而不是社会主义社会。所以，我们之所以如此迫切地需要这样一个组织，原因之一就是为了在资本主义出现重大危机的时候，让尽可能少的人受到伤害，并且能够在它的废墟上建立起一个让所有人都受益的新制度。

第九章　驳马克思主义极权国家论

反　马克思主义主张建立全能型国家。废除私有制之后，社会主义革命者将借由专制权力实施统治，这种专制权力将会终结个人自由。在马克思主义已经付诸实践的那些地方，这种情况已经发生了，并且没有任何理由指望将来会有所不同。马克思主义的逻辑之一，就是人民听命于党，党听命于国家，而国家则听命于一个怪兽般的独裁者。自由民主可能并不完美，但是至少比因为敢于批评一个残酷的专制政府而被关进疯人院更可取。

马克思是国家的坚定反对者。实际上，众所周知他所期待的是国家消亡的那一天的到来。批评他的人也许觉得他的希望完全是荒唐的乌托邦理想，但是他们却不能同时又指责他是一个支持专制政府的狂热分子。

事实说明，马克思其实并不是什么荒诞的乌托邦主义者。他希望国家在共产主义社会中消亡，并不是说要废除中央行政管理意义上的国家，因为任何一个复杂的现代文明都需要这种管理。事实上，正是出于这种考虑，马克思在《资本论》第三卷中提及，"〔在那里，政府监督和全面干涉〕由一切社会的性质产生的各种公共事务"。国家作为一个管理的主体仍将存在。马克思希望看到的，是作为暴力工具的国家的消亡。正如他在《共产党宣言》中写的那样，共产主义制度之下的公共权力会失去其政治特征。与同时代的无政府主义者不同，马克思坚持认为只有在这个意义上，国家才会消亡。必须废除的是一种特殊类型的权力，即为支持统治阶级对社会其他所有人实施统治的权力。国家公园和驾驶员考试中心这样的机构仍将继续存在。

马克思是以一种冷静的现实主义眼光看待国家的。很显然，国家不是一个中立的政治组织，不会小心翼翼而公正无私地处理社会上的各种利益冲突。在解决劳资纠纷时，国家连最低限度的公正都做不到。国家是决不会去干发动革命反对资本这种事的。国家存在的目的之一，就是维护现行社会秩序，防止其被任何人改变。如果这个秩序天生就是不公正的，那么这个国家相应地也就是不公正的。马克思想要终结的正是这种不公正的国家，而不是国家剧院或者警察实验室。

国家具有偏袒性，这并不是什么不可告人的阴谋。认识不到这一点的人，显然是没参加过最近举行的政治集会活动。开始的时候，自由国家在资本主义及其批评者之间保持着中立，但当批评者开始占据上风时它就会抛弃中立进行干预，带着高压水枪和准军事化部队镇压示威人群，如果这样还不行就动用坦克。国家能够表现得非常暴力，这一点毋庸置疑。但是这种暴力最终是为什么人服务的呢？恰恰是马克思给出了一种新的答案。如果你相信国家是公正无私的，那你是在不切实际地幻想，但是我们希望将来摆脱国家对我们的侵害却不是幻想。其实，就连国家本身也已经在某种程度上不再相信自己是公正无私的了。警察殴打罢工工人或和平示威者的时候，从来不会假装中立。包括英国工党政府在内的所有政府从来都不掩饰他们对工人运动的敌意。正如雅克·朗希埃[1]所说："马克思曾有一个诽谤性的论断——政府不过是国际资本的业务代理人。现在，这一论断已经成为显而易见的事实，无论是'自由主义者'还是'社会主义者'都同意这个观点。政治与资本管理之间的绝对利害相关性早已不再是什么掩藏在民主'形式'之下的羞耻秘密了；这已经是一种公开宣称的真理，我们的政府正是因此才获得了它的合法性。"[2]

这并不是说我们能够完全废除警察、法庭、监狱和各种准军事化部队。例如准军事化部队的存在或许是必要的，它们可以帮助我们对付那些手握化学武器甚至核武器的恐怖分子，那些较为温柔的左翼分子最好承认这一事实。国家暴力并不都是以维持现

---

[1] 雅克·朗希埃（Jacques Rancière），法国哲学家，主要研究领域为存在学、知识论、伦理学、美学、艺术哲学、政治哲学。——译者注

[2] 雅克·朗希埃：《歧义：政治与哲学》（*Disagreement: Politics And Philosophy*）（明尼阿波里斯，1999年），第113页。

状之名行使的。马克思在《资本论》第三卷中将国家功能进行了区分：一种是为特定阶级服务的国家功能；一种是保持阶级中立的国家功能。警察制止种族主义暴徒将一名亚洲青年打死时，他们并不是作为资本主义的代理人而做出这个行为的；让遭受强奸的妇女住进专用套房，并不是国家压迫的丑恶例子；警察没收存有儿童色情照片的计算机，也不是野蛮侵犯人权的事情。凡是有自由的地方就会有人滥用自由；有些滥用自由的行为甚至可能太过严重，为了保护他人的安全我们不得不把肇事者关押起来。监狱并不仅仅是为了关押被剥夺了社会权利的人，尽管关在那里的人无一例外都被剥夺了社会权利。

我们没有证据表明马克思会拒绝以上这些说法。实际上，马克思认为国家可以成为一股行善事的强大力量。这也就是他为什么一度全力支持立法以改善维多利亚时期英国社会境况的原因所在。经营收养弃儿的孤儿院或者确保所有人在道路的同一侧行驶，都不是什么国家压迫行为。马克思所反对的，是那种感情用事的神话，即认为国家能够让不同群体和阶级和谐共处、团结一致。在他看来，国家的离心力总是大于向心力。国家确实会致力于维护社会团结，但是它这样做的最终目的却是为了维护统治阶级的利益。在国家看似公平的外表之下，深藏着强烈的偏见。国家制度"给弱者以新的桎梏，给富者以新的权势……把保障私有财产和不平等的法律永远确定下来；把巧取豪夺变成不可取消的权利；从此以后，便为少数野心家的利益，驱使整个人类忍受劳苦、奴役和贫困"。这些并非马克思说的话，而是（就像我们已经看到的那样）让－雅克·卢梭在他的《论人类不平等的起源和基础》中的话。马克思并不是唯一一个看到国家权力和阶级特权之间这种关系的古怪之人。不错，他的这些观点也并非自始至终一成不变。青年时代的马克思是黑格尔的信徒，谈论起国家时使用的也是积极肯定的词语。但这是他转变为马克思主义者之前的事了，而且甚至在他已经成为一个马克思主义者之后，他还坚持认为自己不是什么马克思主义者。

那些谈论和谐与共识的人应当了解一种现实观——你可以称其为产业牧师式的现实观。简言之，这种观点认为在贪婪的老板和好斗的工人两个对立面的中间，是理性、公正、温和的化身——作风正派、温言婉语且思想解放的牧师，他会竭尽全力弥合劳资双方之间的裂痕。可是，为什么采取中间立场才总是最明智的？为什么我们总是认为自己站在了不偏不倚的中间而他人总是过于极端呢？其实，一个人认为的温和往往在另一个人看来就是极端主义。没有人会四处宣扬自己是个狂热分子，就好像没有人会公开声称自己是个拉皮条的人一样。你会去调解奴隶和奴隶主的矛盾，或者去劝说原住民只能轻言细语地对那些密谋将他们种族灭绝的人进行控诉吗？种族主义和反种族主义的中间地带又在哪里？

马克思之所以没有在国家问题上花费太多的时间，部分原因在于他眼中的国家是异化的力量。国家这个威严的实体把世间的男人和女人决定自己生存的能力没收了，不仅代替他们施展这一能力，还厚颜无耻地把这个过程称为"民主"。马克思本人最初是一个激进民主主义者，当他逐渐意识到真正的民主需要经过巨大的变革才能实现之后，他最终蜕变成一个革命民主主义者；而他正是以一个民主主义者的身份挑战国家的傲慢权威的。他是一个十足的人民主权论信仰者，以至不能满足于黯淡失色的议会制民主。从原则上讲他并不反对议会，列宁也一样。但是，他认为民主太珍贵了，所以不能把它单独委托给议会。民主必须地方化、大众化，必须扩展于所有公民社会制度；民主必须延伸到经济活动和政治生活之中。这就意味着政府必须是一个真正的自治政府，而不是把政务委托给某个由政治精英人物组成的政府。马克思认可的是一个公民自己统治自己的国家，而不是少数人统治多数人的国家。

马克思认为，国家是从市民社会发展而来的。这两者之间有着明显的矛盾。比如，我们作为国家公民在抽象意义上都是平等的，但是在日常社会存在中却有着巨大的不平等。社会存在已经被冲突撕裂得支离破碎，但是国家映射出来的社会存在形象却是一个天衣无缝的整体。国家自认为是在自上而下地塑造着社会，但实际上国家却是社会的产物。社会并非来源于国家，相反国家却是寄生在社会身上的。整个体制被颠倒了。就像一位评论家所说："民主和资本主义已经本末倒置了。"他的意思是说，政治制度非但没有对资本主义进行调节，反而是资本主义在调节着政治制度。这句话出自罗伯特·莱克（Robert Reich），前美国劳工部部长，他并没有被怀疑为一个一般意义上的马克思主义者。马克思的目的是弥合国家与社会、政治与日常生活之间的差距，方法就是将前者融入到后者之中。这就是他说的民主。世间的男人和女人必须在他们的日常生活中重新收回国家从他们那里夺走的权力。社会主义并没有否定民主制度，而是对民主制度的完善。如此之多的民主的捍卫者竟然都对此表示反对，这真让人费解。

马克思主义者普遍认为，今天真正的权力掌握在银行、大公司和金融机构手中，它们的掌门人从来都不是选举出来的，而他们的决策却可以影响数百万人的生活。总而言之，政治权力不过是这些"宇宙主宰"的忠实奴仆。政府也许会时不时对他们进行一些指责，或者颁布一个"反社会行为令"对他们进行限制，但是一旦政府企图彻底取缔他们的生意，那就是自找麻烦，就会立即陷入被自己的安全力量投入监牢的危险。你对国家的期望，最多不过是它能够为现行制度对人造成的伤害做一些扫尾工作罢了。它之所以会这么做，部分是出于人道主义的原因，部分则是为了恢复公众对于那个声誉已经受损的制度的信任。这就是所谓的社会民主主义。实际上，从总体上讲因为政治受制于经济，所以仅仅劫持了国家并不能达到实现社会主义的目的。马克思在《法兰西内战》中写道：工人阶级不能简单地在掌握现成的国家机器后就用国家实现自己的目的。这是因为国家机器已经具有一种维持现状的固有偏见。委顿衰弱、处于穷途末路的民主恰恰迎合了眼前占主导地位的反民主的利益诉求。

马克思设想的人民自治政府的主要模式就是 1871 年的巴黎公社。在那动荡不安的几个月里，法国首都巴黎的劳动人民掌握了自己的命运。马克思在《法兰西内战》中这样描述道：公社由当地的市政委员组成，他们大多数都是劳动者，是普选出来的代表，选民也可以把他们的代表身份撤销。公职人员必须拿相当于普通工人的工资，废除常备军，警察直接对公社负责。之前由法国国家实施的权力现在由公社社员接管。神职人员禁止参与公共生活，同时教育机构对一般民众开放并且再也不受教会和国家的干预。行政官、法官和公职人员将由人民选举产生，对人民负责也由人民罢免。公社还打算以合作生产的名义废除私有制。

马克思写道："普遍选举权不是为了每三年或六年决定一次

由统治阶级中什么人在议会里当人民的假代表，而是为了服务于组织在公社里的人民。"他继续写道：公社"实质上是工人阶级的政府……是终于发现的可以使劳动在经济上获得解放的政治形式"。[1] 虽然马克思也批评过这项命运多舛的事业（比如他指出，大部分公社社员都不是社会主义者），但是他从中发现了许多社会主义政治的因素。这一方案正是从工人阶级的实践中得来的而不是从某个理论画板上跳将出来的。在这个短暂而又扣人心弦的时刻，国家不再是异化的力量，取而代之的是人民自治政府的形式。

那几个月里在巴黎发生的事情，就是马克思所说的"无产阶级专政"。马克思的警句不少，唯有这一句让他的批评者们不寒而栗。但是，这个听起来有些险恶的说法，就马克思的本意而言也并未超出大众民主的范畴。简言之，无产阶级专政就是多数人的统治。无论如何，"专政"一词在马克思的时代和在今天的含义并不完全相同。当时这个词的意思是：对政治宪法不受法律支配的违背。马克思的政治陪练奥古斯特·布朗基[2]，有着从 1815 年到 1880 年间被每一届法国政府监禁的光荣纪录，正是他创造了"无产阶级专政"这个词组，意思是代表大众实施统治；而马克思使用这个词组时指的是由大众组成的政府。布朗基被选为巴黎公社的议会主席，但却有名无实，因为当时他还被关在监狱里。

在马克思笔下，有时候国家好像就是统治阶级直接操纵的工

1　马克思：《法兰西内战》（纽约，1972 年），第 213 页。

2　路易－奥古斯特·布朗基（Louis-Auguste Blanqui，1805—1881 年），法国早期工人运动活动家、革命家、空想社会主义者，巴黎公社的传奇人物，巴黎公社议会主席。——译者注

具。然而，在他的历史著作中，他对国家的描绘还是有不少细微差别的。政治国家的任务不仅仅是为统治阶级的直接利益服务，它还必须保持社会的凝聚力。虽然这两者的终极目标是一致的，但是它们在短期或中期内也会发生激烈的冲突。此外，在资本主义国家，阶级关系远比封建主义国家的阶级关系更为分明。封建领主扮演政治和经济上的双重角色，而在资本主义社会中这两个功能通常则是泾渭分明——你的议员一般不会是你的雇主。意思是说，资本主义国家建立在阶级关系之上的表象，不仅仅是表象而已。一个国家在多大程度上能够独立于物质利益之外，取决于不断变化的历史条件。马克思似乎认为，在所谓亚细亚生产模式中由于涉及只能由国家出面兴建的大型灌溉工程，所以国家的确是一种决定性的社会力量。所谓庸俗马克思主义者试图证明国家和经济上独立自主的阶级之间存在一种一对一的关系，实际上这种关系在一些情况下确实存在。有时候有产阶级直接管理国家。乔治·布什和他的石油大亨同伙就是这样的例子。换句话说，小布什最显著的成就就是证明了庸俗马克思主义的正确。与此同时，他（在担任美国总统期间）似乎也在努力使得资本主义制度变得越发糟糕，以至于有人不禁怀疑他是否在暗地里为北朝鲜卖力。

然而，我们所说的这些关系远远比小布什政府所展现出的要复杂得多。（实际上，关乎人类存在的任何一件事物都比它的表象要复杂得多。）例如，在历史上的一些时期，一个阶级曾经代表另一个阶级实行统治。正如马克思本人指出的那样，在 19 世纪的英国，辉格党[1] 贵族依然

1　辉格党（Whig），是英国历史上的一个政党。得益于 1688 年"光荣革命"带来的政治变化，它于1714 年之后曾长期支配英国政治。——译者注

是政治上占据统治地位的阶级，而工业中产阶级正日渐成为在经济上占据主导地位的阶级，从总体上讲前者代表的依然是后者的利益。马克思也指出，路易·波拿巴虽然自诩为小农场主阶级的代表，但实际上他是代表金融资本主义统治法国的。与此相似的还有纳粹，它代表发达资本主义的利益实施统治，但是其意识形态却明显带有中下层阶级的特征。这样，他们就可以在表面上怒斥上层阶级的寄生虫和无所事事的富人，他们所采取的方式极有可能被那些对政治懵懂无知之人误认为某种真正的激进方式。对政治懵懂无知之人得出这样的结论，也不全是错的，因为法西斯主义就是激进主义的一种形式。它对自由主义的中产阶级文化不屑一顾，只不过它是一种右翼激进主义而非左翼激进主义罢了。

和众多自由主义者不同，马克思并不讨厌权力本身。跟没有权力之人说权力是让人厌恶的东西，这显然不符合没有权力之人的利益，尤其是当这样的话出自那些大权在握之人的口中时。那些"权力"一词对其来说总有一股贬低意味的人，事实上带有一种侥幸心理。在人类解放事业中，决不能把权力和暴政混为一谈。"黑人权力！"这句口号要比"打倒权力！"这样的呐喊更为有力。然而，只有当权力不仅设法改变当前的政治结构，而且也改变权力本身的含义之时，这种权力才真正有助于人类的解放事业。社会主义并不是用一批统治者去代替另一批统治者。马克思在评价巴黎公社时说道："它不是为了把国家政权从统治阶级这个集团转给另一集团而进行的革命，它是为了粉碎这个阶级统治的凶恶机器而进行的革命。"[1]

1　转引自汤姆·博托摩尔编辑：《诠释马克思》（牛津，1988 年），第 286 页。

　　社会主义在对统治权的理解上发生过一些变化。在今天的伦敦和 1871 年的巴黎，"权力"这个词的含义几乎没有任何相似之处。最富成效的权力形式就是主宰自我的权力，而民主的意思则是集体践行这种能力。正是启蒙运动坚持认为，统治权唯一值得我们服从的形式，就是我们自主行使的统治权。这种自我决定是自由最可宝贵的含义。尽管人类有可能滥用自由，但是如果没有自由，人类就是不完整的。人类难免会经常作出一些轻率或愚蠢的决定——一个精明的独裁者或许不会采纳的决定。但是，如果这些决定不是由他们自己作出的，无论它们多么睿智也总是空洞而不真实的。

　　所以，权力还将从资本主义的现在延续到社会主义的未来——但是形式却有所不同。权力观念本身也在经历一场革命，国家也是如此。从"国家"一词的一种意义上讲，"国家社会主义"这种说法本身就和"老虎伍兹的认识论理论"一样充满了矛盾。但是，从另外一种意义上讲，这个说法也自有其道理。对马克思来说，在社会主义制度下仍然存在着国家；只有超越社会主义、实现共产主义之后，强制性国家才会让位于一个管理机构。但是，它已经不再是我们通常熟知的国家了。这就好比说，有人指着一个处于民选中央管理机构灵活调控下的分散自治社区网络宣布说："国家在那里！"而我们期望看到一些更为壮观和不朽的东西——比如，像威斯敏斯特宫 [1] 和白厅 [2] 沿线的建筑，以及像安

1　威斯敏斯特宫（Palace of Westminster），又称议会大厦，是英国议会（包括上议院和下议院）的办公所在地。该建筑是哥特复兴式建筑的代表作之一，包括约 1100 个独立房间。——译者注

2　白厅（Whitehall），英国伦敦市内的一条大街。它连接议会大厦和唐宁街。在这条街及其附近有国防部、外交部、内政部等英国政府机关。因此，人们用白厅作为英国行政部门的代称。——译者注

德鲁王子那样神秘而又高深莫测的人物。

马克思与无政府主义者的争论，部分是关于权力不管怎样到底有多么重要的问题。权力是否是最终的决定因素？马克思不这么认为。他认为政治权力需要放在更为广阔的历史语境中来审视。我们必须要问，权力究竟为什么样的物质利益服务？在马克思看来物质利益才是问题的根本所在。他批评将国家理想化的保守主义者，同时也不能容忍过分高估权力重要性的无政府主义者。马克思拒绝将权力"具体化"，反对把权力与它所处的社会环境割裂开来，反对把权力视为一种自我存在的东西。这无疑是马克思著作的长处之一。但是，就像长处往往与短处相伴一样，马克思对权力的认知同样存在一个盲点。同为德国人的尼采和弗洛伊德通过异乎寻常的不同方式都意识到了马克思所忽视的问题。权力或许不是一种自我存在的东西，但是权力包含着一个重要因素：为维持权力自身而醉心于统治；即使没有具体的目标，也要展示权力的力量，并且对权力的使用往往超过实际需要的合理限度。莎士比亚在《暴风雨》(*The Tempest*)中写到普洛斯彼罗（Prospero）和精灵阿里尔（Ariel）的关系时，就意识到了这一点。对普洛斯彼罗而言，阿里尔就是他的权力的顺从的施动者，但是阿里尔内心却一直焦躁不安，只想摆脱这种统治权去做他自己想做的事情。阿里尔只想把他的魔力恶作剧般地用作自娱自乐的工具，而不想把它们同实现主人的战略目的绑在一起。把权力仅仅当作工具就会忽视权力这一至关重要的特性；而忽视了这个特性也就有可能曲解权力所具有的可怕的强制力量。

第十章　驳马克思主义地位边缘论

反　　过去四十年中，所有最引人注目的激进运动都源自马克思主义以外的思想。女权主义、环保主义、族群政治、动物权益、反全球化以及和平运动，这些运动已经代替了马克思主义过时的关于阶级斗争的承诺，代表的是把马克思主义远远抛在身后的政治行动主义的新形态。马克思主义对于这些运动的贡献微乎其微，并且是令人沮丧的。政治左派确实依然存在，但是它只适合于后阶级和后工业化的世界。

在新政治潮流中，最盛行的要数反资本主义运动了。所以，我们根本看不出这些反资本主义的新政治潮流与马克思主义之间有什么明确的界限。无论反资本主义运动如何批判马克思主义的观点，从马克思主义到反资本主义并不是什么巨大的转变。实际上，正是由于马克思主义的声望，才使得它与其他激进思潮产生了密切的联系。以马克思主义与妇女运动关系为例。不错，这种关系经常会让人们感到忧虑。一些男性马克思主义者干脆轻蔑地把性别问题抛在一边，或者只是为了达到他们自己的目的而利用女权主义政治。马克思主义传统中的很多东西，客气点儿讲是自鸣得意的性别盲，不客气点儿讲就是可恶的重男轻女思想。然而，这还远远不是问题的全部，就像20世纪70年代和80年代一些性别分离主义女权主义者自私推想的那样。许多男性马克思主义者一直以来都从个人层面和政治层面向女权主义学习，而马克思主义也反过来对女权主义的思想和实践作出了巨大贡献。

几十年前，当马克思主义和女权主义的对话最为活跃之时，一系列至关重要的问题被摆上了台面。[1] 比如马克思主义如何看待家庭内部的劳动？这是一个基本上被马克思本人所忽视的重大问题。女性是否构成一个马克思主义意义上的社会阶级？一个主要关注工业生产的理论如何用于解释儿童看护、消费、性别和家庭问题？家庭对资本主义社会来说是重要的吗？或者说，如果有利

---

1 有关这些争论的情况参见朱丽叶特·米切尔（Juliet Mitchell）：《妇女的社会地位》（*Women's Estate*）（哈蒙兹沃思，1971年）；谢拉·罗伯萨姆、林恩·西格尔和希拉里·韦恩莱特（S. Rowbotham, L. Segal and H. Wainwright）：《超越片断》（*Beyond the Fragments*）（纽卡斯尔和伦敦，1979年）；L. 萨金特（L. Sargent）编辑：《女性与革命》（*Women and Revolution*）（蒙特利尔，1981年）；米歇尔·巴雷特（Michèle Barrett）：《今日妇女所受的压迫》（*Women's Oppression Today*）（修订版，伦敦，1986年）。

可图并且能够逃脱处罚的话，资本主义是否会将人们关进公共棚屋？（《共产党宣言》就对中产阶级家庭进行过攻击，而急于实现理论与实践的辩证统一的弗里德里希·恩格斯，则在其私生活中进行了积极的尝试。）不推翻阶级社会，女性可以获得自由吗？鉴于男权社会的出现要远远早于资本主义，这两者之间又是什么关系呢？一些马克思主义女权主义者认为，只有推翻资本主义才能解除对女性的压迫。而另外一些人貌似更加有理地声称，资本主义完全可以在放弃对女性压迫的情况下继续存在。这些人认为资本主义的本质特征并没有要求女性处于从属地位。但是，男权社会和阶级社会这两种历史从来都是紧密地交织在一起的，以至于很难想象推翻其中一方而另一方还能安然无恙。

马克思自己的很多观点无视性别差异的存在——虽然有时这可以归咎于资本主义也无视性别差异的存在，至少在某些特定的方面是这样的。我们前边已经提到过，资本主义制度相对而言不太关心性别、种族渊源和社会血统之类的问题，它关心的是它能够剥削谁或者能够向谁兜售它的产品。然而，如果说马克思头脑中的工人永远都是男性的话，也是因为马克思本人就是一个维多利亚时代的旧式家长，而不能仅仅怪罪于资本主义的本质。即使这样，马克思仍然将两性再生产关系看作首要的社会关系，他甚至在《德意志意识形态》中将家庭看成是唯一的社会关系。至于生命自身的生产——"无论是自己生命的生产（通过劳动）或他人生命的生产（通过生育）"——两性生产与物质生产这两个宏大历史叙事，两者少其一人类历史都会戛然而止，马克思认为两者是紧密交织在一起的。世间的男人和女人能够创造出的最伟大的产品就是人。他们在创造人的过程中创造出了劳动力，而劳动力是任何一种社会制度要维持下去都必不可少的要素。两性再生产与物质再生产分别具有各自不同的历史，两者不能合二为一。但是，两者又都是关于冲突和不公正的历史，而且由来已久，因此它们各自的受害者在寻求政治解放的问题上是有着共同利益的。

恩格斯拥有一位出身工人阶级的情人。他通过这种方式践行了无产阶级的两性团结和政治团结。他认为，妇女解放与阶级社会的终结是密不可分的。（因为他的情人又是爱尔兰人，所以他认为他们这种关系还带有反殖民统治的意义。）恩格斯所著的《家庭、私有制和国家的起源》是一部令人印象深刻的社会人类学著作，虽然有不少瑕疵，但是却充满善意。这本书虽然自始至终都没有挑战传统的性别分工，但却认为男性对女性的压迫是"最初的阶级压迫"。布尔什维克也同样看重所谓的妇女问题：推翻沙皇的起义以及大规模抗议示威活动都选在了 1917 年的"国际妇女节"这一天。掌权之后，党立即把给予妇女平等权利作为具有高度政治优先权的事务，同时还建立了"国际妇女秘书处"。这个秘书处组织召开了"第一届国际劳动妇女大会"，来自世界二十个国家的代表参加了大会，代表们"向全世界劳动妇女"发出的呼吁将共产主义目标与妇女解放的目标紧密联系在了一起。

罗伯特·J. C. 杨[1]这样写道："20 世纪 60 年代妇女运动卷土重来之前，只有来自社会主义或共产主义阵营的男性才认为女性平等问题是政治解放的内在形式之一，这是一个多么惊人的事实。"[2]20 世纪早期，只有共产主义运动系统性地提出和探讨了性

---

[1]　罗伯特·J. C. 杨（Robert J. C. Young），1950 年生，英国后殖民主义理论家、文化批评家、历史学家。——译者注

[2]　罗伯特·J. C. 杨：《后殖民主义：历史导论》（Postcolonialism: A Historical Introduction）（牛津，2001 年），第 372 — 373 页。

别、民族主义和殖民主义问题。杨还指出："共产主义是第一个也是唯一一个这样的政治纲领，它意识到了不同形式的统治和剥削〔阶级、性别和殖民主义〕之间的相互关系，必须将它们全部废除才能为成功实现每个人的解放奠定基础。"[1] 大多数所谓社会主义社会都迫切要求在女权方面取得实质性进步，在西方还毫无解决这个问题的意愿很早之前，它们就已经开始严肃地对待"妇女问题"了，这值得赞赏。在性别和两性关系问题上，共产主义的真实记录被严重抹黑；但是，正如米歇尔·巴雷特[2] 所说："在女权主义思想之外，还没有任何一种针对妇女压迫问题的批判性分析传统，能像一位又一位马克思主义思想家那样对其倾注了如此深切的关注。"[3]

马克思主义不仅是妇女权利的坚定支持者，也一直是世界反殖民运动最积极的倡导者。事实上，在整个 20 世纪上半叶，马克思主义都是反殖民运动最强大的动力源泉。马克思主义者在反抗殖民主义、妇女解放和反对法西斯主义等现代世界三大政治斗争中始终站在最前列。对于大多数第一代反殖民主义战争理论家来说，马克思主义为他们提供了不可或缺的出发点。20 世纪 20 年代至 30 年代，真正传播种族平等的男人和女人只有共产主义者。第二次世界大战后的大多数非洲民族主义思想，从恩克

1　同上，第 142 页。

2　米歇尔·巴雷特（Michèle Barrett），英国伦敦玛丽女王大学英语与戏曲学院现代文学和文化理论教授，研究方向之一为马克思主义思想以及马克思主义和女权主义的复杂关系。——译者注

3　米歇尔·巴雷特语，载汤姆·博托莫尔编辑：《马克思主义思想辞典》（牛津，1983 年），第 190 页。

鲁玛 [1] 到法农 [2]，都是以某种马克思主义或社会主义为基础的。亚洲的大多数共产主义政党，也都将民族主义写入了他们的议事日程。正像朱尔斯·汤森写的那样：

> ［20 世纪 60 年代］在除法国和意大利以外的发达资本主义国家的工人阶级处于相对休眠状态之时，亚洲、非洲和拉丁美洲的农民和知识分子却正以社会主义的名义干起了革命或者创造着社会。在亚洲，毛泽东在 1966 年发动的"文化大革命"和胡志明领导的越共抗击美国对越南的入侵，让人鼓舞；在非洲，坦桑尼亚的尼雷尔 [3]、加纳的恩克鲁玛、几内亚比绍的卡布拉尔 [4] 以及阿尔及利亚的弗兰兹·法农等人，纷纷提出了自己的社会主义和解放理论；在拉丁美洲，菲德尔·卡斯特罗和切·格瓦拉领导发动了古巴革命。 [5]

---

1 夸梅·恩克鲁玛（Kwame Nkrumah，1909 — 1972 年），加纳政治家，首任加纳总统，非洲独立运动领袖，泛非主义主要倡导者之一。——译者注

2 弗朗兹·法农（Frantz Fanon，1925 — 1961 年），出生于法属马提尼克岛，青少年时期参与了反抗法国维希政权的斗争，1943 年志愿加入法国军队赴欧洲参加第二次世界大战。战后在巴黎和里昂学习医学和精神病学，其间开始写作政治散文和戏剧。1952 年前往阿尔及利亚担任精神病医师，所见所闻使他对阿尔及利亚"民族解放阵线"产生同情，并相信暴力革命是第三世界结束殖民压迫和文化创伤的唯一途径。主要著作有《黑皮肤，白面具》等，被认为是 20 世纪 50 年代至 60 年代黑人解放运动的经典著述，并对欧洲和美国的激进运动产生了深刻影响。——译者注

3 朱丽叶斯·尼雷尔（Julius Nyerere，1922 — 1999 年），坦桑尼亚政治家，坦桑尼亚首任总统，坦桑尼亚独立运动领袖。1967 年发表《阿鲁沙宣言》，宣布要以社会主义方式建设坦桑尼亚。后改革失败，但仍有很高声望，被坦桑尼亚人尊称为"老师"。——译者注

4 路易斯·卡布拉尔（Luis Cabral，1931 — 2009 年），几内亚比绍第一任国家元首、国务委员会主席，革命家、政治家、工人运动领袖、非洲民族解放运动领导人，为几内亚比绍的独立作出卓越贡献。——译者注

5 朱尔斯·汤森：《马克思主义政治学》（伦敦和纽约，1996 年），第 142 页。

从马来西亚到加勒比地区，从爱尔兰到阿尔及利亚，革命民族主义迫使马克思主义重新审视自己。与此同时，马克思主义试图给第三世界的解放运动提供一些更具建设性的东西，而不是用本国资产阶级替代外国资产阶级的统治。马克思主义的目光开始超越国家的局限，更加具有国际主义的视野。马克思主义在对所谓"第三世界"的民族解放运动提供支持的同时，还坚持认为民族解放运动的前景应该是国际社会主义而不是资产阶级民族主义。马克思主义所极力主张的，却没有得到足够的重视。

布尔什维克掌握政权以后，立即宣告殖民地人民拥有自决权。为了让这种观点付诸实践，世界共产主义运动作出了巨大的努力。尽管列宁对民族主义持批判态度，但他依然是第一个把握住民族解放运动伟大意义的重要政治理论家。他公然抵制浪漫民族主义，坚持认为民族解放并非一种沙文主义情绪而是一种激进的民主。马克思主义既成为反对殖民主义的倡导者又成为民族主义意识形态的批判者，用一种独特而又强有力的方式把两者结合到了一起。就像凯文·安德森[1]评论的那样："早在印度赢得独立的三十多年前和 20 世纪 60 年代初期非洲解放运动开始的四十多年之前，[列宁]就已经开始将反帝民族运动作为全球政治的一个重要因素并将其

---

[1] 凯文·B.安德森（Kevin B. Anderson），美国加利福尼亚大学圣塔芭芭拉分校社会学、政治科学与女权主义研究教授，当代著名列宁研究专家、西方马克思主义和罗莎·卢森堡思想研究专家，长期从事马克思主义哲学研究工作。——译者注

理论化。"[1] 列宁在 1920 年写道："各国共产党必须直接帮助附属的或没有平等权利的民族（如爱尔兰、美国的黑人等）和殖民地的革命运动。"[2] 他批评了苏联共产党内被他称为"大俄罗斯沙文主义"的思想，虽然这一立场并没能有效阻止他吞并乌克兰，后来又强行兼并了格鲁吉亚。包括托洛茨基和罗莎·卢森堡在内的其他布尔什维克主义者，则对民族主义持有强烈的敌视态度。

马克思自己在反殖民主义政策上的态度在某种程度上更加模棱两可。早年的马克思似乎只对那些有助于实现社会主义革命目标的反殖民斗争表示支持。他也曾经令人惊愕地宣称：某些民族是"没有历史的"，是注定要消亡的。他从一种欧洲中心论的立场出发，傲慢地把捷克人、斯洛文尼亚人、达尔马西亚人、罗马尼亚人、克罗地亚人、塞尔维亚人、摩拉维亚人和乌克兰人等统统扔进了历史的垃圾箱。恩格斯一度强烈支持法国对阿尔及利亚的殖民和美国对墨西哥的征服，而马克思则对拉丁美洲的解放者西蒙·玻利瓦尔[3] 没有表现出丝毫的尊重。马克思说过，印度社会根本没有历史，英国人对它的征服无意中为南亚次大陆的社会主义革命创造了条件。如果你现在还持有这种言论，那么你的后

1　凯文·B.安德森：《在哲学和世界政治中重新发现并坚持辩证法》（The Rediscovery and Persistence of the Dialectic in Philosophy and in World Politics），载塞巴斯蒂安·巴金、斯塔西斯·库韦拉基斯、斯拉沃热·齐泽克（S. Budgeon, S. Kouvelakis and S. Slavoj Žižek）编辑：《重塑列宁：走向一种真理政治学》（Lenin Reloaded: Towards a Politics of Truth）（伦敦，2007 年），第 121 页。

2　转引自凯文·B.安德森：《在哲学和世界政治中重新发现并坚持辩证法》，载塞巴斯蒂安·巴金、斯塔西斯·库韦拉基斯、斯拉沃热·齐泽克编辑：《重塑列宁：走向一种真理政治学》（伦敦，2007年），第 133 页。

3　西蒙·玻利瓦尔（Simon Bolivar, 1793—1830 年），拉丁美洲革命家、军事家、政治家、思想家。他与何塞·圣马丁遥相呼应，为南美洲脱离西班牙帝国统治而独立发挥了关键作用，两人一道被誉为美洲的解放者。——译者注

殖民主义课程的成绩休想从坎特伯雷到加利福尼亚的任何一所大学得到高分。

有时候马克思会以肯定的口吻谈及殖民主义，这不是因为他喜欢看到一个民族被另一个民族践踏，而是因为他认为这种压迫虽然卑鄙、可耻，却能够将资本主义的现代性因素带给"不发达"地区。其结果必将使这些地区在一定程度上受益，同时也为实现社会主义铺平道路。至于这种"目的论"思想的利弊，我们在前面已经探讨过了。

殖民主义也有其进步一面的说法，对于大多数西方后殖民作家来说是不能忍受的，因为他们害怕承认如此政治不正确的东西可能会纵容种族主义和民族中心主义。然而，这种观点在印度和爱尔兰的史学家中间却非常普遍。[1] 殖民主义是一种非常复杂的现象，它曾蔓延到了世界上的广大地区、历经数个世纪，怎么可能连一点积极的效果都没有呢？在 19 世纪的爱尔兰，英国的统治在带来饥荒、暴力、贫困、种族至上主义和宗教迫害的同时，也在很大程度上带来了文学、语言、教育、有限的民主、技术、传播和公民制度，使得民族主义运动的兴起和最终夺取政权成为可能。这些东西不仅其本身是有价值的，而且还能对一项值得从事的政治事业起到促进作用。

当大量爱尔兰人热衷于通过学习英语进入现代社会的时候，一些上层爱尔兰浪漫主义者却对此不屑一顾，仍然坚持只讲自己的本地语言。我们发现当今一些后殖民主义作家同样抱有类似的

---

1   相关印度史学参见阿吉兹·阿罕默德：《在理论内部：阶级、民族与文学》（伦敦，1992 年），第六章。

偏见，在他们看来资本主义现代性绝对是一场灾难。他们支持后殖民地国家人民的事业，但是他们的这一观点却不为这些国家的人们所接受。爱尔兰如果能以一种创伤更小的方式步入民主政治（并最终获得繁荣），那当然是更可取的。说到底，爱尔兰人根本就不应该遭受沦为殖民地臣民的耻辱。然而，就算爱尔兰人已经遭受了沦为殖民地臣民的耻辱，从社会现状中摄取一些有价值的东西也被证明是完全有可能的。

马克思可能确实从殖民主义中发现了一些"进步倾向"。但是，这并不能阻止他谴责发生在印度和其他地方的"野蛮"殖民统治，也不能阻止他为1857年发生的印度民族大起义高声欢呼。他评论道：传言中有关1857年起义分子的暴行，只不过是对英国在该国掠夺行为的一种反射而已。英国对印度的帝国主义统治不仅远未建构起一个仁慈的文明开化进程，反而是一个"充满报复的流血进程"。[1] 印度充分揭示出了"资产阶级文明的极端伪善和它的野蛮本性"，它在故乡还装出一副体面的样子，而在殖民地它就丝毫不加掩饰了。[2] 事实上，阿吉兹·阿罕默德认为，19世纪的印度没有任何一个有影响力的改革者像马克思那样在印度民族独立的问题上采取如此鲜明的立场。[3]

马克思还收回了他早年对于美国占领墨西哥的看法，恩格斯也同样收回了他过去对法国殖民阿尔及利亚的看法。恩格斯曾经痛苦地反省道：法国的殖民统治造成的后果只有屠杀、掠夺、暴

1　阿吉兹·阿罕默德：《在理论内部：阶级、民族与文学》（伦敦，1992年），第228页。

2　同上，第235页。

3　同上，第236页。

力和殖民者对"次等人种"原住民表现出的"公然的傲慢"。恩格斯极力主张只有通过一场革命才能够挽救局面。马克思则对当时中国的民族解放运动表示了支持，他将在中国的殖民者轻蔑地称为"文明贩子"。他修正了自己早年的沙文主义错误，无论这些殖民地国家是否"没有历史"，他都要站在其身后支持它们的解放斗争。马克思认为一个奴役其他民族的民族，就是给自己锻造锁链，所以他将爱尔兰独立视为英格兰社会主义革命的先决条件。他在《共产党宣言》中写道：工人阶级（无产阶级）反对雇主（资产阶级）的斗争首先是一国范围内的斗争。

就我已经追溯的传统而言，无论文化、性别、语言、他者性、差异、身份认同以及种族渊源等议题，均与国家权力、物质不平等、劳工剥削、帝国主义掠夺、群众政治反抗行为和革命改造等有着密不可分的关系。然而，如果你将后者从前者中抽离出来，就会得到类似今天后殖民主义理论的东西。国外有一种十分幼稚的看法，认为在 1980 年前后，名誉扫地的马克思主义让位于一种更具政治相关性的后殖民主义。实际上，这种观点犯了哲学家所说的范畴错误，就像拿睡鼠和婚姻概念相比较一样荒谬。马克思主义是一种跨越数个大洲、经历了数百年的群众政治运动，一种世间无数男人和女人为之奋斗不已甚至甘愿牺牲生命的信条。而后殖民主义则是一种学术语言，除了那几百所大学之外就没有人会讲，对普通的西方人而言，它就像斯瓦希里语（Swahili）一样也没有几个人听得懂。

作为一种理论，后殖民主义是在 20 世纪后期才形成的，这时的民族解放斗争已经或多或少开启了它们的进程。爱德华·萨

义德 [1] 所著的《东方学》是该潮流的奠基之作，于 20 世纪 70 年代中期问世之际，正值西方资本主义大力打压革命精神的严重危机时刻。也许从这个角度上来讲，萨义德的书是强烈反马克思主义的。后殖民主义虽然一方面保留了革命传统，但是另一方面又是对这一传统的拒斥。它是一种适用于后革命世界的后革命话语。从最好的意义上讲，它具有罕见的洞察力和独创性，但是从最坏的意义上讲，它所代表的不过是后现代主义的外事处罢了。

因此，现在并不是阶级必须让位于性别、身份认同和种族渊源问题的时候。跨国公司与地处南半球的发展中国家那些收入微薄、少数族裔且以女性居多的劳工之间的冲突，就是一个严格的马克思主义意义上的阶级问题。这并不是说比如以西方矿工或纺织工人为焦点的"欧洲中心论"已经被一个不那么具有地域色彩的视角所取代。阶级一直以来都是一种国际现象。马克思认为工人阶级不分国界，但是实际上真正没有国界之分的是资本主义。从某种程度上说，全球化早就不是什么新闻了，你只要看一眼《共产党宣言》就能发现这一点。女性一直以来都是构成劳动力大军的主要力量，而种族压迫则始终难以逃脱同经济剥削的干系。所谓新社会运动其实大多数毫无新意可言。那种认为新社会运动已经"取代了"关注阶级问题、反对多元主义的马克思主义的观点，忽视了这样一个事实，那就是这些运动曾经在一个相当长的时间里与马克思主义密切合作并取得了丰硕成果。

后现代主义者有时候指责马克思主义以欧洲为中心，试图将

1　爱德华·萨义德（Edward Said，1935 — 2003 年），著名文学理论家与批评家，后殖民理论的创始人，也是巴勒斯坦立国运动的活跃分子。著有《东方主义》《文化与帝国主义》《知识分子论》等。——译者注

白人的、理性主义的西方价值强加给这个星球上的每一个迥异的角落。马克思当然是欧洲人，我们从他对政治解放的高涨热情就可以看出这一点。思想解放的传统与奴隶制一样，都在欧洲历史上打上了自己的烙印。民主制度和死亡集中营都诞生在欧洲。欧洲既是刚果种族灭绝的源头，也是巴黎公社和妇女参政的发祥地；这里既有社会主义也有法西斯主义，既有索福克勒斯[1]也有阿诺德·施瓦辛格；既有公民权利也有巡航导弹；既有女权主义的遗赠也有饥荒的传承。世界其他地区的历史也同样具有启蒙与压迫实践交织在一起的特征。只有那些把欧洲看成完全消极的而把后殖民主义"边缘地带"看成纯粹积极的头脑简单之人才会忽视这一事实。他们中的有些人甚至自称为多元主义者，这些人中的大多数都只是被负罪感折磨的欧洲人，而并不是什么对欧洲怀有恶意的后殖民主义者。他们极少会因为蔑视欧洲本身所具有的种族主义情绪而心怀内疚。

毫无疑问，马克思的著作受到他所处的社会条件的限制。事实上，如果说他本人的思想是有根有据的话，那么他就不可能不受到这样的限制。他是欧洲中产阶级知识分子，但很少有欧洲中产阶级知识分子会像他那样号召推翻帝权或者解放工厂工人，甚至连殖民地的众多知识分子也没有这种想法。此外，还有一种带着一些盛气凌人的味道的观点认为，从詹姆斯·康纳利[2]到

1　索福克勒斯（Sophocles，前496—前406年），古希腊剧作家，古希腊悲剧的代表人物之一，和埃斯库罗斯、欧里庇得斯并称古希腊三大悲剧诗人。——译者注

2　詹姆斯·康纳利（James Connolly，1868—1916年），爱尔兰社会主义运动领导人，马克思主义理论家，1916年复活节起义后被英国政府枪决。——译者注

C.L.R. 詹姆斯 [1] 的一帮接受了马克思主义观点的反殖民主义的英勇领袖人物，只不过是西方启蒙运动妄想的受害者罢了。那场为了争取自由、理性和进步而发起的声势浩大的运动发源于 18 世纪中产阶级欧洲的中心，它既是一场扣人心弦的反抗暴政、争取解放的运动，同时它本身又是一种微妙的专制统治形式；而第一个让我们认识到这种矛盾的正是马克思。马克思为自由、理性和进步等伟大的资产阶级理想而辩护，但同时又想知道为什么这些理想一旦付诸实践就会背离它们的初衷。他因此成为一个启蒙运动的批判者——但是他的批判又和所有最富成效的批判形式一样，是自里而外的批判。他既是启蒙运动的坚定辩护士，也是启蒙运动的尖锐批判者。

凡是寻求政治解放的人，都不能对向他们伸出援手的人的出身说三道四。菲德尔·卡斯特罗不会因为马克思是德国资产阶级就拒绝接受社会主义革命。亚洲和非洲的激进主义者也都对托洛茨基是俄国犹太人毫不在意。恰恰是中产阶级的自由派人士不愿意向劳动人民宣传多元文化论或者威廉·莫里斯的学说，担心这样做会有"施舍"之嫌。劳动人民通常没有特权阶级的这类神经官能症症状，无论什么样的政治支持，只要是看上去有用的他们都乐于接受。这在殖民地国家中那些从马克思那里最先学到政治自由理论的人身上得到了证实。马克思的确是一个欧洲人，但是他的思想却首先在亚洲扎下了根，在所谓的"第三世界"里最枝繁叶茂，欣欣向荣。大多数所谓的马克思主义团体都不是由欧洲

1　塞利尔·莱昂内尔·罗伯特·詹姆斯（Cyril Lionel Robert James，1901—1989 年），非裔特立尼达历史学家、社会主义理论家、记者、散文家。——译者注

人组成的。无论如何，理论从来都不会被广大民众简单接受并将其付诸实践；理论总是在这一过程中被不断地改造。毫无疑问，这也正是马克思主义反殖民主义理论的历史。

马克思的批评者有时会指出在其作品中存在所谓普罗米修斯情结，即马克思相信一种人类对于自然界的统治权，认为人的进步永无止境。他的著作中确实存在这种倾向，与其他 19 世纪的欧洲知识分子如出一辙。1860 年前后还没有人担心塑料袋和碳排放问题。况且有些时候人类确实需要征服自然。如果我们不能尽快修建起足够稳固的海堤，我们就有失去孟加拉国的危险。注射伤寒疫苗就是人类对于自然界的统治权的运用，桥梁和脑外科手术也是。为奶牛挤奶和建造城市都意味着征服大自然为我所用。那种认为我们永远不应该试图征服大自然的想法只是一种多愁善感的无稽之谈。然而，即使我们有时候确实需要征服一下自然，我们也只能通过精细地调整自然的内部机制来实现，这种方法就叫"科学"。

马克思本人认为这种感伤主义（他称之为"对于自然界的幼稚态度"）反映了人们对自然的一种迷信立场，所以我们才会将其作为一种比我们优越的力量加以顶礼膜拜。这种被神秘化了的我们跟所处环境之间的关系在近代再次出现，马克思称之为商品拜物教。我们的生活再一次被异化的力量所控制，被贯穿着一种专制生活形式的没有生命的物质碎片所左右。只不过这些自然的力量已经不再是木精灵和水仙子了，而是换作了市场上的商品流通，我们对它束手无策，就像奥德修斯（Odysseus）无法控制海神一样。从这个意义上讲，马克思对资本主义经济的批判是与他对大自然的关注紧密相关的。

我们发现，马克思早在写作《德意志意识形态》之时就已经在使用地理和气候因素进行社会分析了。他宣称：所有历史分析都"应当从这些自然基础以及它们在历史进程中由于人们的活动而发生的变更出发"。[1] 他在《资本论》中写道："社会化的人，联合起来的生产者，将合理地调节他们和自然之间的物质交换，把自然置于他们的共同控制之下，而不是让自然作为盲目的力量来统治自己。"[2] 这里最重要的概念是"交换"而不是主宰，是合理控制自然而不是恃强凌弱地支配自然。无论如何，马克思眼中的普罗米修斯（这的确是他最喜欢的经典人物）与其说是一个顽固的技术拥护者，不如说是一个政治反抗者。普罗米修斯对于马克思来说，有如其对但丁、弥尔顿、歌德、布莱克、贝多芬以及拜伦一样，代表着革命、创造性能量和对神的反抗。[3]

有一种说法认为，马克思不过是又一个启蒙运动的理性主义者，打着人类的旗号对大自然进行掠夺。这种指责是完全错误的。维多利亚时代的思想家很少有人能像他那样惊人地预言了现代环保主义。一位现代评论家如此评论道：马克思的著作代表了"19 世纪社会思想乃至更早期的作品中围绕控制大自然这个复杂议题的最深刻的洞见"。[4] 即使马克思最忠实的拥护者都会觉得这

1　马克思和恩格斯：《德意志意识形态》（伦敦，1974 年），第 33 页。

2　马克思：《资本论》第三卷（纽约，1967 年），第 102 页。

3　约翰·贝拉米·福斯特（John Bellamy Foster）：《马克思与环境》（Marx and the Environment），载艾伦·伍德、约翰·贝拉米·福斯特（E.M. Wood and J.B. Foster）编辑：《为历史辩护》（In Defense of History）（纽约，1997 年），第 150 页。

4　威廉·莱斯（William Leiss）：《自然的控制》（The Domination of Nature）（波士顿，1974 年），第 198 页。

种评论多少有些自负，虽然这种评论的核心要点是正确的。年轻的恩格斯在生态问题上的观点与马克思相近，他这样写道："地球对于我们来说是唯一的，也是我们的所有，我们存在的根本条件，出卖地球就是出卖我们自己。"[1]

地球是我们存在的首要条件——如果你想知道人类事务的基础是什么，看一看地球就明白了——这是马克思在《哥达纲领批判》中提出的观点，他坚持认为人类赖以生存的根基并非孤立的劳动或者生产，而是自然。老年恩格斯在《自然辩证法》中写道："我们统治自然界，决不像征服者统治异民族一样，也决不像站在自然界以外的人一样——相反地，我们连同我们的肉、血和头脑都是属于自然界，存在于自然界的；我们对自然界的整个统治，是在于我们比其他一切动物强，能够认识和正确运用自然规律。"[2] 不错，恩格斯在《从空想社会主义到科学社会主义》中也谈到了人类是"自然界自觉的和真正的主人"。同样正确的是，恩格斯还是英国柴郡 (Cheshire) 狩猎俱乐部的热心成员，这不免给他的环境习字簿打上了一个污点。但是，马克思的唯物主义信条之一就是事无完事、人无完人。

马克思指出："甚至整个社会，一个民族，以至一切同时存在的社会加在一起，都不是地球的所有者。他们只是地球的占有者，地球的受益者，并且他们应当作为好家长把经过改良的地球

---

1   转引自威廉·莱斯：《自然的控制》（波士顿，1974 年），第 153 页。

2   弗里德里希·恩格斯：《自然辩证法》（*The Dialectics of Nature*）（纽约，1940 年），第 291 — 292 页。

传给后代。"[1] 他完全清楚资本主义对自然资源的短期掠夺和长期可持续生产之间的冲突。他反复强调，经济的发展不应该牺牲我们后代赖以生存的自然和地球环境。毫无疑问，如果马克思今天仍然在世的话，他肯定会走在环保主义运动的最前沿。作为一位早期生态学家，他认为资本主义"造成了地力的浪费"，随之而来的是"合理"农业的破败。

"对土地这个人类世世代代共同的永久的财产所进行的自觉的合理的经营，"马克思在《资本论》中写道，是"他们不能出让的生存条件和再生产条件。"[2] 马克思认为，资本主义农业只能通过"破坏一切财富的源泉——土地和工人"来实现繁荣。作为对工业资本主义批判的一部分，马克思讨论了垃圾处理、森林毁灭、河流污染、环境毒害和空气质量等问题。他认为，生态可持续性将会在社会主义农业中扮演至关重要的角色。[3]

关注自然的背后是一种哲学意识。马克思是一位自然主义者和唯物主义者，他认为世间的男人和女人是大自然的一部分，但是他们却忘记了自己作为人的特质，为自己招惹风险。马克思甚至在《资本论》中将大自然看作人的"身体"，"必须与之处于持续不断的交互作用过程"。他认为，生产工具是"人体器官的延伸"。整个人类文明，从参议院到潜水艇，都不过是我们肉体力量的扩展。身体与世界、主体与客体，都应当保持微妙的平衡，这样我们所处的环境就会像语言一样表达人类意义。马克思将其

1　马克思:《资本论》第三卷（纽约，1967 年），第 218 页。

2　同上，第 219 页。

3　参见特德·本顿（Ted Benton）:《马克思主义与自然的极限》（Marxism and Natural Limits），载《新左派评论》，第 178 期（1989 年 11 月 /12 月），第 83 页。

对立面称为"异化"。在异化状态下，我们将无法在残酷的物质世界中找到自己的映像，并因而失去与我们自己最重要的存在的联系。

当自我与自然之间的相互性打破之时，我们就只剩下资本主义那毫无意义的物质世界。在这个世界里，自然只不过是可以被我们随意搓揉成任何形状的柔软物质；文明变成一台大型整容手术。与此同时，自我将与自然分离，与自我的身体以及他人的身体分离。马克思认为，在资本主义制度下我们的身体感觉都已经"商品化"，而身体已经转变为纯粹的抽象生产工具，不再具有尽情享受自身感性生活的能力。只有通过共产主义我们才能重新感受到自己的身体。他认为，只有到那个时候我们才能超越残酷的工具理性，领略这个世界的精神和美学维度。事实上，马克思的著作就是彻头彻尾的"美学"著作。他在《政治经济学批判大纲》中抱怨说，资本主义制度下的自然界已经成为纯粹的使用对象，而不再被视为一种"自在的力量"。

在马克思看来，人类可以通过物质生产来调节、管理和控制自身与自然之间的"新陈代谢"，这种双向交流已经远离了人类至高无上的傲慢思想。自然、劳动、苦难、生产性的身体及其需要，共同构成了马克思眼中的人类历史的持久基础架构。这就是贯穿于人类文化之中且为人类文化奠定根基的叙事，给人类文化留下了难以磨灭的印记。马克思认为，作为人类与自然之间的一种"新陈代谢"交换，劳动是一个"永恒的"不会改变的条件。改变的——让自然存在成为历史的——是我们人类影响自然的各种方式。人类以各种不同的方式生产自己的生活资料。从物种繁衍的必要性意义上讲，这是自然的。但，这也是文化的和历史的，因为它涉及某些特定的统治权、冲突以及剥削类型。我们没有理由假定，接受劳动的"永恒"本质就会诱骗我们相信这些社会形态也是永恒的。

这种"人类生活的永恒的自然条件"，就像马克思所称谓的那样，与后现代主义对自然的、物质的身体压制形成鲜明对比，后现代主义寻求将自然的和物质的身体融入文化之中。而正是"自然的"一词激发起一种关乎政治正确的恐惧。所有对我们普通生命机理的关注都变成了"生物主义"的思想罪。[1] 后现代主义总是对那些一成不变的东西感到焦虑，它错误地想象在政治反应一边这种一成不变的东西无处不在。所以，既然人类的身体在其进化过程中没有发生多大的改变，那么后现代主义思想就只能将其作为一种"文化建构"予以应对。没有哪个思想家能够像马克思那样充分意识到了社会是如何对自然和身体之间的关系进行调节的，而这种调节的首要形式就是我们所知的劳动，是劳动逐步使自然获得了人类意义。劳动是一种具有重要意义的活动。我们永远不会偶然遇到毫无人类情感的物质。相反，与我们相遇的物质世界总是充满人类意义，就连空白也是这样的一种能指。托马斯·哈代的小说就对这种状况作出了精彩绝伦的描述。

马克思相信，人类社会的历史是自然史的一部分。这其中的含义之一，是说社会性乃是我们人类这种动物与生俱来的属性。社会协作对我们的物质生存十分必要，但这也是我们作为一个物种的自我实现的一部分。所以，如果自然在某种意义上是一个社

1　思想罪（thought crime）是英国作家乔治·奥威尔《一九八四》里边的新语（Newspeak）名词，是大洋国（Oceania）政府的一个罪名。若有犯罪思想则会犯下思想罪，而不必在言论和行动上定罪。——译者注

会范畴，那么社会在某种意义上也同样是一个自然范畴。你会发现，后现代主义者往往坚持前者而压制后者。对马克思来说，自然与人类的关系是不对称的。正如他在《德意志意识形态》中写的那样，最终占优势地位的是自然界。对人类的每一个个体而言，这就是我们所知的死亡。浮士德式的梦想——在一个对人类的触摸会作出神奇反应的物质世界里，人类所能取得的进步是没有极限的——忽视了"外部自然界的优先地位"。在当今世界，这已经不再是浮士德式的梦想，而是作为"美国梦"为人所知。这是一种幻想，它私底下诅咒物质，因为物质挡住了我们通往无限的道路。这就是物质世界为什么不得不要么被武力征服要么被融合到文化之中的原因所在。后现代主义和开拓精神是一枚硬币的两面，这两者都不接受正是我们的局限性造就了我们之所是的观点，也不认为人类不断超越自己的局限就是我们所知的人类史。

马克思认为，虽然人类是自然的一部分，但是人类却能够对抗自然；这种与自然的部分脱离本身乃是人类的一种天性。[1] 我们用于改造自然的所有技术都来自于这种天性。虽然马克思认为自然和文化形成了一个复杂的统一体，但是却拒绝将一方融入另一方。在马克思早期的令人惊异的超前著作中，他梦想在自然界和人类之间建立起一个终极统一体。在后来变得更为成熟的岁月中，他意识到这两者之间始终存在着某种张力或者不同一性，这种冲突的另一个名称就叫作劳动。毫无疑问，马克思不无遗憾地

1　关于马克思对此问题所持观点的经典论述，参见阿尔弗雷德·施密特：《马克思的自然观》（伦敦，1971 年）。

放弃了之前那个几乎同人类自身一样古老的美丽幻想——在那里，无比丰裕的自然谦恭地顺从着我们的全部欲望：

> 我过的这种生活多美妙啊！
> 成熟的苹果在我头上落下；
> 一束束甜美的葡萄在我嘴上
> 挤出像那美酒一般的琼浆；
> 仙桃，还有那美妙无比的玉桃
> 自动探到我手里，无反掌之劳；
> 走路的时候，我被瓜绊了一跤，
> 我陷进鲜花丛中，在青草上摔倒。
>
> ——安德鲁·马维尔《花园》[1]

马克思相信他所称的"人化自然"，但是在他看来，自然总是对人类保持着某种抗拒，即便它对人类需要的抗拒程度可以被降低。这种对抗也有其积极的一面，因为克服困难正是我们创造性的一部分。一个魔幻的世界也终将是一个枯燥乏味的世界。总有一天身处魔法花园之中的马维尔也会对那里感到厌倦，希望回到伦敦去。

马克思是否相信人类的力量会以一种有悖于我们自己生态原则的方式无限扩张？不错，马克思在谈到自然对人类发展的限

---

1 安德鲁·马维尔（Andrew Marvell, 1621—1678 年），17 世纪英国著名的玄学派诗人，善于运用新颖的意象和奇特的比喻。所引中译文出自杨周翰：《十七世纪英国文学》（北京大学出版社，1996 年），特此感谢！——译者注

制时有时显得过于轻描淡写，但部分原因乃是由于他的论敌托马斯·马尔萨斯[1]过分夸大了自然对人类的限制。马克思承认自然给历史设定的边界，但是他认为我们仍然可以把这些边界推到更远的地方。他的著作中有一种对我们称之为技术乐观主义——有时甚至可以称之为必胜主义——的明显忧虑：那是一种幻想，即人类将借由生产力的释放进入一个美丽新世界。后来的一些马克思主义者（托洛茨基就是其中之一）又将这种观点推向了乌托邦的极致——他们预见了一个由英雄和天才组成的未来。[2] 但是，就像我们已经看到的那样，还有另外一个坚持认为发展应该与人类的尊严和福祉相适应的马克思。是资本主义认为生产的潜力是无限的，而社会主义则将生产置于道德和美学价值语境之中去看待。或者正如马克思本人在《资本论》第一卷中写道的那样："人类以一种适当的形式全面发展。"

泰德·本顿[3]评论说，承认自然的极限与政治解放是不相容的，不过这里指的仅仅是乌托邦式的政治解放。[4] 这个世界拥有的资源不是为了让我们所有人都生活得越来越好，而是为了让我们所有人都好好地生活。G.A. 柯恩写道："期望中的丰裕，不是无止境的商品的涌流，而是以最低限度的不愉快的劳作进行的最充足

1　托马斯·马尔萨斯（Thomas Malthus, 1766—1834 年），英国教士、人口学家、政治经济学家，以其人口理论闻名于世。——译者注

2　参见托洛茨基的《文学与革命》（Literature and Revolution）最后几段。

3　泰德·本顿（Ted Benton），英国埃塞克斯大学社会学教授，2006 年荣休。英国生态马克思主义代表性学者。——译者注

4　泰德·本顿：《马克思主义与自然的极限》，载《新左派评论》，第 178 期（1989 年 11 月 /12 月），第 78 页。

的生产。"[1] 自然对防止这种情况的发生无能为力，只有政治才能够做到。我们已经看到，马克思认为社会主义需要扩大生产力，但是生产力的扩大依靠的却不是社会主义本身而是资本主义。社会主义要做的是搭资本主义创造的物质财富的便车，而不是去积累那些财富。资本主义是巫师的学徒：它召唤来了巨大的力量，现在这些力量已经失去控制，正威胁要毁灭我们。社会主义的任务不是激励这些力量继续疯狂扩张，而是要将它们掌握在人类的理性控制之下。

当今人类面临两大威胁：一是军事威胁；二是环境威胁。随着为争夺稀缺资源而展开的斗争升级为武装冲突，这两大威胁今后将会越来越有可能走向趋同。多少年来，共产主义者一直是最热情的和平倡导者，埃伦·梅克辛斯·伍德对个中缘由进行了精彩的总结。她写道："我认为这是不言自明的，即处在民族－国家体系语境之中的资本主义积累的扩张、竞争和剥削逻辑必定会动摇，只是时间早晚而已，因而资本主义……在现在和可以预见的未来都将是世界和平的最大威胁。"[2] 如果和平运动想要抓住全球侵略的根源，就决不能眼睁睁地忽视资本主义这头孕育全球侵略的野兽的本性。也就是说，和平运动决不能眼睁睁地忽视马克思主义的真知灼见。

对环境保护主义而言也是同样的道理。伍德指出：在资本积累这一反社会的天性驱使之下，资本主义将无法避免生态的破

---

1   G.A. 柯恩：《卡尔·马克思的历史理论：一种辩护》（牛津，1978 年），第 307 页。

2   艾伦·梅克辛斯·伍德：《资本主义与人类解放》（*Capitalism and Human Emancipation*），载《新左派评论》，第 67 期（1988 年 1 月 /2 月），第 5 页。

坏。资本主义制度或许能够对种族和性别平等展现出宽容，但是其本性决定了它不可能实现世界和平或者展现出对物质世界的尊重。伍德评论道："资本主义也许有能力开展某种程度的生态关怀，尤其是当环保科技本身在市场上变得有利可图的时候。但是，资本积累驱动力本质上的非理性，必然使得一切事物都从属于资本自我扩张和所谓增长的需要，因此不可避免地站到了生态平衡的对立面。"[1]那句昔日共产主义的口号"要社会主义还是要野蛮社会",在一些人看来似乎始终具有太过浓厚的"世界末日"意味。当历史跌跌撞撞地朝向核战争和环境灾难前景走去的时候,我们已经清楚地看到这乃是一个严峻的现实。如果我们现在不采取行动,那么资本主义就是我们的末日。

1　艾伦·梅克辛斯·伍德:《资本主义与人类解放》,载《新左派评论》,第 67 期(1988 年 1 月 /2 月),第 5 页。

结　论　**一位被严重曲解的伟大思想家**

综上所述，马克思对个体充满热情和信任，对抽象的教条抱有深深的怀疑。他对所谓完美社会概念不屑一顾，对平等观念十分谨慎，也从来没有梦想过一个所有人都穿连体工作服、背后印有国家保险号码的未来。他希望看到的是多样化而不是整齐划一。他也从未宣扬过人是历史无助的玩物。他比右翼保守主义者更敌视国家，并把社会主义视为民主的深化而不是民主的敌人。他心目中美好生活的模型建立在艺术自由表达的理念之上。他认为有些革命可以和平地取得胜利，他也丝毫不反对社会改良。他并没有狭隘地只关注从事体力劳动的工人阶级，也没有从两个明显对立的阶级的角度去看待社会。

他没有盲目崇拜物质生产。相反，他认为应该尽可能地废除物质生产。他的理想在于休闲而不是劳动。他始终执着地关注经济问题，那是为了削弱经济力量对人类的控制。他的唯物主义思想与人类秉持的道德和精神信念完全相符。他慷慨地赞美中产阶级，并且将社会主义视为其自由、公民权利和物质繁荣伟大遗产的继承者。他在自然和环境问题上所持的观点，在很大程度上远远超越了他的那个时代。他的思想所激发出来的政治运动对妇女解放、世界和平、反法西斯斗争或殖民地民族解放等作出了无与伦比的贡献。

还有哪一位思想家像他那样如此被人曲解呢？

版贸核渝字（2016）第175号

图书在版编目（CIP）数据

马克思为什么是对的 /(英) 特里·伊格尔顿著；李杨，任文科，郑义译.
-- 重庆：重庆出版社，2018.6

书名原文：WHY MARX WAS RIGHT

ISBN 978-7-229-12434-2

Ⅰ.①马… Ⅱ.①特…②李…③任…④郑…

Ⅲ.①马克思主义理论—理论研究 Ⅳ.①A81

中国版本图书馆CIP数据核字(2018)第085820号

马克思为什么是对的

MAKESI WEISHENME SHI DUIDE

[英]特里·伊格尔顿 著　李 杨　任文科　郑 义 译　张兵一 校译

策　　划：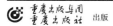华章同人

出版监制：徐宪江　伍 志

责任编辑：徐宪江

特约编辑：王佳敏

营销编辑：张 宁

责任印制：杨 宁

书籍设计：视觉共振设计工作室 010-62015184 774638217@QQ.COM

重庆出版集团
重庆出版社 出版

（重庆市南岸区南滨路162号1幢　邮编：400061 http://www.cqph.com）

三河市嘉科万达彩色印刷有限公司　印刷

重庆出版集团图书发行公司　发行

邮购电话：010-85869375

全国新华书店经销

开本：889mm×1194mm　1/32　印张：7.375　字数：175千

2018年6月第1版　2024年10月第1版第10次印刷

定价：49.80元

如有印装问题，请致电023-61520678

版权所有，侵权必究